LA
CHASSE ANECDOTIQUE

PAR

PIERRE BONNEFONT

TOURS

ALFRED MAME ET FILS

ÉDITEURS

LA
CHASSE ANECDOTIQUE

3ᵉ SÉRIE GRAND IN-8ᵉ

Chasse aux chamois dans les Alpes.

LA
CHASSE ANECDOTIQUE

PAR

PIERRE BONNEFONT

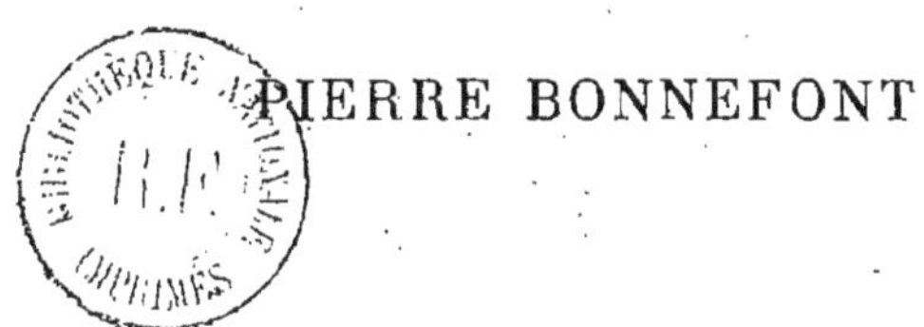

TOURS

ALFRED MAME ET FILS, ÉDITEURS

M DCCC XCI

A

MON FILS MARCEL

LA

CHASSE ANECDOTIQUE

CHAPITRE I

Origines de la chasse. — Les grands chasseurs.. — Les muets. — Histoires de chasse ; la queue du renard. — La poudre ; les chiens ; les chevaux. — Quelques mots sur les précautions d'hygiène et de prudence nécessaires au chasseur.

La chasse date du jour où l'homme eut à se défendre et à chercher sa nourriture ailleurs que parmi les végétaux. L'homme, créature presque dépourvue d'armes naturelles, semblait être fatalement destiné à servir de proie à des milliers d'ennemis ; son intelligence seule intervertit les rôles, et ce fut lui qui rendit tout le règne animal tributaire. Il arma ses bras impuissants d'une lourde massue qui le mit à même de quintupler la force de ses coups ; il n'eut qu'à se baisser, et les pierres qu'il trouva sous sa main lui fournirent des projectiles redoutables ; il aiguisa le silex et en fit des instruments tranchants ; enfin il mania le fer, l'assouplit à sa guise et sut en faire des armes invincibles. Il commença par se défendre contre les animaux sauvages, qui, obéissant à leur instinct, cherchaient à se repaître de sa chair ; puis, quand il les eut tués, la faim le poussa à se nourrir de la leur, comme le froid lui suscita la pensée de se couvrir de leur dépouille. Après avoir pourvu à ces impérieux besoins, il chercha le moyen de diminuer la fatigue et les difficultés qu'il éprouvait dans cette lutte sans cesse renaissante, et, des bêtes féroces que recélaient les forêts il passa aux animaux purement inoffensifs, aux oiseaux, aux poissons mêmes.

Armes des temps préhistoriques.

Les exploits cynégétiques ont été grandement goûtés et admirés dès la plus haute antiquité, et leurs auteurs sont devenus légendaires par suite de l'intérêt qu'ils ont excité. C'est ainsi que Nemrod, Samson, Hercule, Persée, Castor et Pollux, Orion, Atalante, Diane, Apollon, saint Hubert et autres, doivent à leurs hauts faits de nous avoir transmis leurs noms. Il y eut des peuples chasseurs comme il y eut des peuples pasteurs ou des peuples nomades ou conquérants, et la chasse, qui à son origine n'était qu'une nécessité de la vie, est devenue de nos jours un sport agréable et émouvant, qui procure à ses adeptes une santé robuste, de bons jarrets, des poumons aguerris, un coup d'œil juste et une saine distraction, sans compter les inépuisables anecdotes qui défrayent la conversation pendant les longues soi-

rées de l'hiver. La chasse aiguise et affine les qualités phy-
siques de l'homme; elle le prépare à la guerre et l'endurcit
à la fatigue, l'habitue à tirer parti des accidents de terrain,
du vent, du temps qu'il fait, et des fautes du gibier. Seulement, de même que Rome ne fut pas bâtie en un jour, on
ne devient pas chasseur après quelques coups de fusil.

> Non, la chasse n'est pas une vaine science
> Qu'on apprend en un jour; il faut de la prudence,
> De la ténacité, du tact et du travail,
> Observer toute chose en son moindre détail.
> Garde-toi, tout d'abord, d'imiter un novice
> Qui ne remarque pas quand le temps est propice.
>
> (L. DE LA ROULIÈRE.)

C'est pour se conformer aux utiles préceptes du poète qu'il
est bon de suivre les conseils que donne l'expérience. La
lecture et la connaissance des mille détails qui font le vrai
chasseur sont aussi nécessaires pour se préparer à bien loger
son plomb que la boussole au navigateur. Car il ne faut pas
oublier que si, à l'origine, le gibier était abondant et con-
fiant, il n'en est pas tout à fait de même aujourd'hui où,
traqué de toutes parts, il doit lutter d'adresse avec le chasseur pour sauver son existence à chaque pas menacée.

Les animaux fuient peu à peu devant les empiétements de
l'homme, et plus la civilisation et la population deviennent
grandes, plus les espèces animales diminuent. La terre, re-
muée, sillonnée, travaillée de toutes parts, ne fournit plus
à ses hôtes à poil et à plume un abri suffisamment sûr;
aussi les fauves, jadis communs dans nos contrées, y deviennent de jour en jour plus rares; le moindre gibier donne
lieu à des poursuites acharnées qui se terminent presque
toujours par sa mort. De toutes ces considérations il résulte
un fait : c'est que seul un chasseur expérimenté peut trouver
à tuer, là même où plusieurs devanciers l'auront précédé sans
succès.

Nous sommes bien loin déjà des temps où le javelot, l'épieu
et la dague, étaient les principaux engins de chasse; et cependant, malgré la supériorité de notre armement, nos chasses
ne sont pas plus fructueuses que celles d'antan, ce qui prouve

une fois de plus la diminution du gibier et le soin qu'il faut
apporter à sa recherche si on veut réussir à le découvrir.

Un vieux proverbe de chasseurs dit qu'il n'y a pas de carnier plus lourd qu'un carnier vide; cela est si vrai, que le
Nemrod moderne qui revient *bredouille* ne sait pas résister
au désir de son amour-propre qui le pousse à faire, avant de
rentrer chez lui, une visite au marchand de venaison. Il en
sort le carnier plein et le cœur bien léger, quoiqu'il prépare
pour sa conscience le fardeau d'un mensonge qu'il étayera
de mille détails fantaisistes; il contera les péripéties de sa
chasse; il dira combien a été chaude la poursuite de ce lièvre
qu'il a payé dix francs, et comment il a tiré ce perdreau qui
est parti derrière lui; puis il énumérera les qualités inap-
préciables de Stop, et flattera la brave bête, qui ne comprend rien à toutes ces caresses.

Ceci est le péché mignon de tous les chasseurs en général;
car il semble, en écoutant le récit des prouesses complaisam-
ment détaillées, qu'il est bien difficile de rencontrer tant
d'incidents au cours d'une chasse, et cela chaque fois que
l'on chasse.

Oui, il faut bien le reconnaître, le goût de la chasse déve-
loppe, dans une certaine mesure, le goût des aventures; et,
comme elles sont trop rares au gré des chasseurs, ils sup-
pléent à leur absence par la richesse de leur imagination.
Aussi il n'est point de chasseur qui n'ait dans son sac
quelque coup merveilleux, quelque prise miraculeuse, quelque
événement fameux dont il recherche les occasions de rappeler le souvenir. C'est une douce manie qui ne fait de tort
à personne; c'est le fait d'un homme intelligent de savoir
s'y prêter en écoutant d'une oreille attentive ces récits admi-
rables. Le conteur vous saura gré de votre feinte crédulité,
tandis que vous vous feriez de lui un ennemi acharné si
vous aviez le malheur de lui prouver qu'il ne vous a pas
abusé.

Ce verbiage est donc une des caractéristiques du chasseur.
Cela nous expliquera peut-être pourquoi il est si rare de voir
un muet à la chasse; ces gens ne chassent pas, parce qu'ils
ne pourraient pas raconter leurs exploits.

En effet, nous avons tous vu chasser des gens estropiés ou
doués de l'une des mille infirmités dont la nature a si large-

ment gratifié notre pauvre espèce humaine : des borgnes et des boiteux, des goutteux, des manchots et des rhumatisants cherchent à s'emparer du gibier dans la limite de leurs moyens. Il y a des sourds et des myopes, c'est-à-dire des quasi-aveugles, qui gesticulent dans les bois avec un fusil pour le plus grand danger de leurs voisins; mais on n'a jamais vu un muet à la chasse.

Faut-il donc en conclure que le plaisir de se vanter des victimes que l'on a faites forme partie intégrante du noble exercice de la chasse?

Tartarin de Tarascon n'allait pas affronter les sables du désert pour l'unique plaisir de donner la mort au roi des animaux, mais bien pour que sa ville natale pût compter un héros de plus au nombre de ses enfants, et pour embellir les veillées du pharmacien Bezuchet et de l'armurier Costecalde du récit de ses exploits.

Robinson Crusoë, dans son île déserte, allait à la chasse pour trouver sa nourriture, comme une cuisinière va au marché; et il ne songeait pas plus au plaisir qu'il aurait pu goûter à raconter ses chasses que Sophie ne pense à se vanter d'avoir acheté un poulet ou un dindon.

Cependant, pour qu'une partie de chasse soit vraiment complète, il faut que toutes les joies s'y trouvent réunies et que l'esprit comme le corps y trouve son compte.

Ce n'est pas toujours chose aisée que de raconter des histoires de chasse, et il est bien malheureux qu'Elzéar Blaze, qui était passé maître en la matière, ne nous ait pas laissé un traité sur ce sujet. Celles dont ses livres sont parsemés sont charmantes.

Par exemple, celle-ci :

Un président du tribunal d'Avignon, chasseur intrépide et gourmand renommé, disait un jour :

« Nous venons de manger une dinde superbe; elle était excellente, bourrée de truffes jusqu'au bec, tendre, délicate, parfumée; nous n'avons laissé que les os.

— Combien étiez-vous?

— Deux!

— Deux?

— Oui, la dinde et moi. »

Les histoires doivent être aussi courtes que possible et se

terminer par le trait qui amène le rire sur les lèvres des auditeurs, le mot de la fin.

Piron a fait des merveilles en ce genre, et tout le monde connaît son discours de réception à l'Académie française :

« J'ai des chances d'être nommé cette fois-ci à l'Académie, disait-il à un de ses amis.

— Cela est possible; mais vous serez bien embarrassé pour faire votre discours de réception.

— Pas le moins du monde, il est tout fait.

— Comment?

— Après ma réception, M. le doyen me dira quand j'entrerai : « Monsieur Piron, j'ai le plaisir de vous annoncer « que vous êtes reçu de l'Académie française. » Je lui dirai : « Grand merci, monsieur le doyen. » Et il me répondra : « Il n'y a pas de quoi. »

Il faut éviter, dans ces saillies, ce genre d'esprit facile qui consiste à tourner les autres en ridicule; il est bon de nous souvenir que nous portons tous notre besace, et qu'en voulant la faire rire des autres, la compagnie peut quelquefois se réjouir à nos dépens.

« Monsieur, disait Baptiste à son maître, chasseur par circonstance et hâbleur par nature; Monsieur, vous mentez un peu trop. Je vous demande bien pardon si je me permets de vous dire cela; mais vraiment je vous aime, et je suis au supplice quand je m'aperçois qu'on se moque de vous.

— Et qui pourrait être assez insolent?...

— Tout le monde, Monsieur; tous vos amis, devant vous, derrière vous, ne se gênent pas pour rire des contes que vous leur faites. Hier encore vous leur disiez, avec un sérieux imperturbable, qu'étant à l'affût vous aviez vu sept lièvres attablés autour d'un chou, et que d'un seul coup de fusil vous les aviez tués tous. Sept lièvres!... On n'a pas pu vous croire.

— Entre nous je te dirai, Baptiste, que ce n'est pas vrai, mais que cependant c'est possible; car enfin sept lièvres peuvent bien manger un chou : quand leurs sept têtes sont réunies, on peut se trouver à vingt pas, leur détacher un coup de plomb et les tuer tous.

— Oui, Monsieur; mais, pour croire une chose si extraordinaire, il faudrait la voir, et encore....

— Un beau mérite de raconter ce qui arrive chaque jour

à tout le monde! Il faut du bizarre, du dramatique, du miro-
bolant!

— Soit; mais tout cela doit être d'abord vraisemblable,
sinon vous passez pour un hâbleur, on ne vous croit plus
même lorsque vous dites les choses les plus simples. Quand
je suis à l'office avec les autres domestiques, on m'appelle
Baptiste le menteur, et cependant je ne dis jamais que la
vérité. C'est vous, Monsieur, qui m'avez valu ce sobriquet.

— Eh bien, voyez le grand malheur!

— Ce n'est pas pour moi que je me plains, c'est pour
vous; je prends votre défense et j'ai beau faire, on rit toujours quand je prononce votre nom! Voyez tous ces messieurs,
ils mentent bien quelquefois en parlant de ce qui leur arrive
à la chasse, mais ils s'arrangent de manière qu'on les croie,
ou du moins qu'on ait l'air de les croire.

— Est-ce ma faute à moi?

— Si vous voulez suivre mes conseils, faites attention à
moi. Je suis toujours derrière vous à table. Quand je verrai
que vos histoires tourneront un peu trop au mensonge, je vous
tirerai par la manche, et vous les modifierez en conséquence.

— Entendu, Baptiste; sois mon censeur. »

Tout en devisant ainsi, le maître et le valet arrivèrent au
rendez-vous de chasse, où l'on déjeuna. Chacun raconta son
histoire, et notre hâbleur voulut dire la sienne.

« Messieurs, hier en vous quittant je traversais la plaine,
mon chien tombe en arrêt dans un petit regain de luzerne,
et je vois un superbe renard. »

Baptiste tira la manche.

« Qu'as-tu donc, Baptiste?

— Monsieur, dit-il tout bas, les renards ne sont pas dans
les regains; ils sont dans les bois.

— Messieurs, Baptiste, qui se trouvait avec moi et qui a vu
la chose, me rappelle qu'effectivement le renard n'était pas
dans cette luzerne, où je n'ai trouvé qu'une compagnie de
perdreaux; j'ai fait un coup double, et, soit dit en passant,
j'en ai tué quatre. De là, longeant le petit bois qui mène
à mon château, Médor tombe en arrêt, un renard veut s'es-
quiver dans les broussailles; pan! pan! je le tue. Jamais on
ne vit plus bel animal; sa queue est longue de sept pieds. »

Baptiste tira la manche.

« Je n'ai pas mesuré cette queue, mais elle doit bien avoir six pieds.

Baptiste tira la manche.

« Cependant il serait possible... qu'elle n'en eût que cinq. »

Baptiste tira la manche.

« En chasse, on n'a point de mesure dans son carnier; peut-être que la queue n'a que quatre pieds de long. »

Baptiste tira la manche.

« Ou trois pieds. »

Baptiste tira la manche.

« Ou deux pieds. »

Baptiste tira la manche.

« Ou un pied. »

Baptiste tira la manche.

« Ah! ça, Baptiste, à t'entendre, on croirait que mon renard n'avait pas de queue !... »

Cette digression, amenée au cours du chapitre par l'analyse de l'un des petits travers des chasseurs, nous a quelque peu entraîné et fait tomber dans des longueurs dont nous espérons que le lecteur ne nous gardera pas rancune.

Pour en revenir à nos moutons, ou plutôt à nos lapins, nous jetterons sur le globe terrestre un coup d'œil d'ensemble pour nous rendre un peu compte des procédés usités à la chasse par ses divers habitants.

Jadis les engins étaient si rudimentaires et si simples, qu'ils furent à peu près les mêmes pour tous les peuples. Ce furent d'abord la hache, puis le javelot, l'arc, et plus tard le coutelas. Enfin vinrent les armes un peu plus perfectionnées. L'invention de la poudre ouvrit à la chasse une ère nouvelle tout en lui enlevant une grande partie de ses dangers, au milieu des combats terribles où l'homme luttait corps à corps avec des animaux dont la force, déjà considérable, était encore augmentée par la soif du sang et la douleur des coups reçus. Avec les armes à feu, le danger devint moindre; les blessures furent plus meurtrières, et l'adresse du tireur put suppléer à sa faiblesse musculaire. Dans la suite, les fauves se faisant plus rares, l'homme s'attaqua aux animaux de taille inférieure et d'un abord moins redoutable; le péril fut encore diminué ; enfin le chasseur s'attaqua aux oiseaux, qui jusqu'alors avaient assez bien réussi à lui échapper, la portée et la justesse de ses coups ayant été mises en défaut par le vol rapide de la proie visée.

Chasse au sanglier sous Louis XI.

De tout temps l'homme usa de ruse dans la guerre contre le règne animal ; les trappes, les lacs, les gluaux, les pièges de toutes sortes, furent employés pour capturer quadrupèdes et volatiles. Ces moyens de destruction, aujourd'hui prohibés en France, ne constituent pas une chasse proprement dite ; ils ne sont que les pourvoyeurs de la table ou les protecteurs de la propriété, sans pour cela provoquer l'émotion de la chasse, ce plaisir sans lequel la lutte devient trop inégale, trop barbare et trop cruellement destructive.

L'usage des chiens semble avoir été connu dans tous les temps, et l'homme dut vite apprécier les services que pouvait lui rendre cet auxiliaire dont l'odorat et la vitesse à la course lui faisaient un si précieux agent. Les chevaux, dont l'emploi remonte à une époque moins reculée, ont été également les alliés de l'homme dans sa lutte contre les animaux sauvages. Les oiseaux de proie de petite taille furent aussi employés pour la chasse, et de nos jours encore ils sont soigneusement élevés pour cet usage dans certaines contrées telles que la Hongrie, l'Afrique, l'Irlande, les Indes, etc. C'est même là une des chasses les plus captivantes qui se puissent trouver.

Les Indiens de l'Amérique se servent encore beaucoup de l'arc et des flèches pour capturer le gibier. Les nègres de l'Australie emploient le boomerang, pièce de bois qu'ils lancent sur le but qu'ils veulent atteindre et qui revient d'elle-même tomber aux pieds des chasseurs après avoir frappé ce but. Dans l'Inde, on utilise la force et la haute stature de l'éléphant pour chasser le tigre, tandis qu'en France nous prenons les lapins au moyen des furets. Ainsi l'homme, bénéficiant des qualités ou des défauts de certains animaux, petits ou grands, les met en lutte avec leurs ennemis naturels et se réserve le fruit de la victoire.

Bientôt les chasseurs comprirent que, en se réunissant en grand nombre, ils avaient moins de chance de laisser échapper le gibier, et dès lors les battues furent organisées. Chaque broussaille fut explorée, chaque buisson fut secoué, chaque pli de terrain examiné; le gibier, effaré, partait et fuyait devant les chasseurs qui le poussaient devant eux; bêtes et gens se poursuivaient, et enfin, le soir venu, des provisions énormes gisaient sur le sol, tandis que la contrée battue, dévastée et débarrassée de tout son gibier, présentait le morne spectacle d'un pays que la guerre a ravagé.

Enfin, au moyen âge, la chasse devint l'apanage des nobles. Tout vilain, pris en flagrant délit de braconnage, fut soumis à la dure juridiction du seigneur, qui ne ménageait guère plus le chasseur que le chasseur n'avait ménagé le gibier. Celui-ci, fils de la terre, appartenait au maître de la terre, et le vassal, taillable et corvéable à merci, n'y avait aucun droit. Dans ces temps le paysan, requis comme rabatteur, assistait, impuissant et muet, à la dévastation des récoltes que les chasses à courre avaient traversées, heureux encore si, pour prix de ses peines, il n'était pas foulé aux pieds des chevaux ou caressé de quelques coups de fouet.

Puis on créa des charges d'officier de chasse; il y eut des lieutenants de louveterie chargés d'organiser les battues destinées à débarrasser la contrée des loups et autres carnassiers.

Enfin, par le moyen du permis de chasse, le gibier fut mis à la portée de tout le monde. Devant ce nouveau régime, plus de nobles, plus de vilains ; tous égaux devant le fusil, du moins en ce qui concernait la loi, car il va sans dire que les propriétaires de chasses fermées et abondantes auront toujours de ce chef une incontestable supériorité sur leurs confrères en saint Hubert moins favorisés de la fortune.

Cependant une chasse, la plus riche et la plus inépuisable de toutes, reste en tout temps ouverte; là, point de barrières, point de clôtures, point de gardes particuliers, point d'écriteaux : *Chasse gardée*. Nous voulons parler de la mer. Sur les côtes, il existe une profusion de gibier, moins savoureux que celui de l'intérieur des terres assurément ; mais enfin le plaisir de la chasse en lui-même n'en est pas diminué. Prend-on un bateau et s'amuse-t-on à suivre les côtes à une lieue en mer, nouveau gibier, nouveau plaisir; on n'a que l'embarras du choix, et il faut savoir bien peu se servir de son arme pour ne pas abattre une belle chasse en quelques heures.

Donc, jeunes chasseurs, vous le voyez, si vous êtes d'un siècle où le gibier va disparaissant, vous avez en compensation le bénéfice d'une égalité universelle qui vous met tous à même de goûter ces ivresses de la chasse que, il y a quelque cent ans, quelques-uns d'entre vous auraient seuls pu se procurer.

Maintenant, avant de terminer ce chapitre préliminaire, permettez-nous de vous donner quelques petits conseils généraux, que nous compléterons au fur et à mesure par les avis plus spéciaux auxquels nous amèneront les différentes natures de chasse que nous allons étudier.

Et d'abord occupons-nous du vêtement. Il doit être simple, à la fois chaud et léger, ni trop large ni trop collant, de façon à laisser aux mouvements toute leur liberté. Il est bon de porter de la flanelle. La chaussure devra être de première qualité, très solide, quoique souple et légère; les jambes seront protégées par des guêtres de cuir ou de forte toile imperméable. L'usage des gants est indiqué.

Mais, ceci dit, il nous reste, jeunes lecteurs, à vous donner le plus utile des avis. Évitez la témérité et songez qu'une imprudence à la chasse peut vous coûter la vie. N'oubliez pas que des êtres chers attendent anxieusement votre retour, et que vous leur devez à eux autant qu'à vous-même de veiller sur vos actes; de plus, la sécurité de vos compagnons de chasse en dépend.

Lorsqu'on a un fusil entre les mains, il faut toujours se souvenir que l'on porte la foudre.

Jamais on ne saura trop recommander la prudence aux jeunes chasseurs comme aux plus anciens. N'attendez pas d'avoir été témoin d'un accident pour vous pénétrer de la nécessité des précautions de toutes sortes; il n'est pas obligatoire d'avoir vu le danger pour y croire.

Il ne se passe pas de saison de chasse sans que la chronique ne nous apprenne les nombreux accidents dont des imprudences ont été la cause. Une troupe de chasseurs est partie joyeuse; ils étaient quatre, ils reviennent trois, amenant un cadavre. Des amis ont ainsi tué leur ami; des pères ont tué leur fils; un frère a tué sa sœur. Des gardes, des rabatteurs, ont reçu la charge destinée au gibier. Les fusils, mal entretenus, éclatent. Les coups partent sans qu'on s'y attende. On franchit un fossé avec le fusil armé, une détonation retentit, et celui qui venait derrière ou devant est cruellement blessé. Une branche d'arbre s'engage dans la gâchette en sautant un buisson, et l'on reçoit la poudre et le plomb en pleine figure.

Une imprudence en amène une autre; l'impunité semble acquise, et un beau jour on pleure des larmes de sang!

Voilà comment les accidents arrivent.

Il ne faut donc pas rire des frayeurs de vos mères, de vos femmes, de vos filles, de vos sœurs; elles devinent le danger, elles, et vous savent si braves ou si imprudents.

Que de fois, en rentrant de la chasse, on cause bruyamment!
on a entendu du château ou de la villa, et les parents, les
amis viennent au-devant des chasseurs. On questionne : « La
chasse a-t-elle été bonne? Êtes-vous fatigués? » Pendant ce

Chasse à courre (moyen âge).

temps vous voulez désarmer votre arme et, appuyant le pouce
sur le chien droit, vous pressez, sans y faire attention, sur la
gâchette gauche. Le coup part, et le deuil termine une journée
de fête. D'autres fois, un coup tiré sur une haie derrière
laquelle se trouve un enfant occasionne un malheur. Bref,
en chasse, on ne saurait trop le répéter, il faut de la prudence. Mieux vaut prendre des précautions qui peuvent

paraître ridicules, que de s'exposer à un malheur dont le souvenir empoisonnerait l'existence de celui qui l'aurait involontairement commis.

Si votre fusil est armé, maintenez toujours les canons en face de vous et dirigés vers le sol; chaque fois qu'un obstacle de quelque importance se trouvera sur votre chemin, désarmez avant de le franchir, en maintenant l'arme verticale; mieux vaut manquer une pièce de gibier que d'exposer la vie d'un homme.

Surtout, même alors que vous serez sûr que votre arme est vide, ne vous livrez jamais à cette sotte plaisanterie qui consiste à coucher quelqu'un en joue. Ce genre d'amusement, outre qu'il est souverainement désagréable à la personne visée, présente toujours du danger. On peut s'être trompé d'arme, avoir oublié une cartouche; et quand même, nous le répétons, c'est un sot mouvement.

Si vous vous décidez à casser une croûte pendant la chasse, ne placez jamais votre fusil chargé debout et appuyé contre un arbre. Votre chien, un enfant ou tout autre motif peut le faire tomber à terre et provoquer un accident; en tout cas, de pareils traitements ne sauraient être utiles à une arme qui peut être cassée, bosselée ou faussée. La prudence la plus élémentaire recommande de décharger, ou tout au moins de désarmer son arme et de la placer dans une position telle, qu'elle soit à l'abri des dangers d'une chute possible.

Mille occasions se présentent à la chasse d'exercer votre prudence; saisissez-les, et soyez sûrs que les vrais et les vieux chasseurs vous en sauront gré.

CHAPITRE II

LE CHIEN DE CHASSE

Le chien d'arrêt; choix et éducation du chien. — Anecdotes. — Le chien
courant; son éducation. — Chiens célèbres. — La ville de Tours et les
anciens. — Histoire de Mirault.

La nomenclature des diverses espèces de chiens de chasse
étant assez longue pour remplir plusieurs volumes, si l'on
voulait seulement indiquer en quelques lignes les traits domi-
nants de chaque variété, nous nous contenterions de prendre
deux types principaux : le chien couchant ou d'arrêt et le
chien courant, sans nous arrêter à toutes les classifications
spéciales qui en ont été faites, telles que les chiens de Sain-
tonge, de Bordeaux, du Poitou, d'Artois, normands, ven-
déens, les staghounds, blood-hounds, fox-hounds, les bassets, les beagles, qui sont des espèces courantes, et les
pointers, les braques, les épagneuls, les cockers, les setters,
les retrievers, les griffons, qui sont des chiens couchants.

M. de Quatrefages a écrit sur le chien les lignes suivantes :

« L'homme, trouvant un animal si disposé à lui obéir,
semble s'être complu à le mettre à l'épreuve. Il lui a tout
demandé et en a tout obtenu. Pour lui, le chien s'est fait
bête de somme, bête de trait, de garde, de chasse, de pêche,
animal de ferme, de salon, d'écurie, de boudoir... Avec
l'homme, il a émigré d'île en île, de continent en continent;
il l'a suivi sur les glaces du pôle et dans les sables brûlants,
dans les déserts et dans les cités, sous le chaume et dans

les palais. Partout, en un mot, l'homme a eu à ses côtés le chien toujours utile, souvent indispensable, pour satisfaire tantôt aux mille caprices du luxe et de la mode, tantôt aux plus impérieux besoins.

« Pour répondre à des exigences aussi diverses, il fallait une organisation singulièrement flexible, un corps prêt à se transformer en vue du but à atteindre. Pour forcer le lièvre à la course, le chien a allongé et effilé ses jambes; pour débusquer le blaireau et le renard, il les a tordues ou raccourcies; pour terrasser les loups, coiffer les sangliers ou lutter contre des ennemis plus formidables encore, il a grandi sa taille, fortifié ses os et ses muscles, allongé ses crocs; pour pénétrer dans les hamacs des créoles ou le manchon des marquises, il a réduit tout son être et s'est fait miniature lui-même. »

Cette parenthèse ouverte pour constater une fois de plus les éminents services que nous rend journellement le chien, revenons au sujet qui nous intéresse plus spécialement : le chien de chasse.

CHOIX ET ÉDUCATION DU CHIEN

Le chien d'arrêt.

Beaucoup de chasseurs possèdent au moins un chien, qu'ils ont acheté tout dressé et dont ils se trouvent satisfaits, à ce qu'ils disent; mais un plus grand nombre encore ne peut se payer ce luxe, et force est de dresser soi-même le futur compagnon de chasse; ce qui, soit dit en passant, est une vive satisfaction; car le chien dont on a su se faire un ami partagera l'existence de son maître, sera pour lui un auxiliaire tel que nul marchand ne pourrait en fournir à n'importe quel prix : en un mot, un vrai chien de chasseur.

Le chien d'arrêt, qui est celui dont l'éducation est la plus difficile à parfaire, peut être choisi parmi plusieurs espèces différentes; qu'il soit braque, griffon, barbet, épagneul, pointer ou autre, il est certaines conditions physiologiques qu'il doit remplir avant tout.

M. Honoré Pinel, l'éminent collaborateur de la *Chasse illustrée*, diagnostique les qualités de l'animal par l'examen des parties de son être en les comparant avec son ensemble.

« Autant un nez fin et long, par exemple, dit-il, est le présage d'un caractère rusé, indiscipliné et d'un sens olfactif très restreint, autant un nez gros et long, aux narines ouvertes, mobiles et froides, perçoit à longues distances les plus faibles émanations. Les babines minces et courtes sont un signe de distinction, autant qu'elles indiquent la

Chien basset à jambes torses.

férocité lorsqu'elles sont grosses, charnues et surtout pendantes. Les dents indiquent assez bien l'âge de l'animal. Blanches et fleurdelisées, elles se trouvent chez le chien de trois ans, tandis que, jaunes et déchaussées, elles dénotent la vieillesse. Plus la partie postérieure de la tête sera développée, mieux on pourra augurer des aptitudes cynégétiques de l'animal. Quant à l'œil du chien, c'est avec lui qu'il *parle*. Il le faut grand et rond, et non ressorti, d'une couleur noire ou grenat foncé. L'œil jaune clair manque de franchise. Si l'oreille est longue et pendante, le chien est dit bien coiffé; peu développée et relevée à sa base, elle est l'apanage du chien assez indocile. — Si le cou est long et mince, il indique la vitesse; gros et court, il marque la force; plus élevé que les épaules, il indique un sens olfactif très fin; si, au contraire, il est bas, c'est que le nez a besoin de se rapprocher de la terre, afin de percevoir plus facilement les émanations.

« Quant au corsage qui comprend la poitrine, le corps proprement dit, le ventre et les reins, ses proportions ne sont pas indifférentes. La poitrine doit être large et profonde, le dos et les reins horizontaux, le ventre assez large. Certains chiens de vitesse présentent un dos relevé et les reins inclinés.

« Autant que possible, le pied du chien de chasse, lorsqu'il ne touche pas la terre, doit être une moyenne entre le pied rond des grosses races et le pied allongé des races rapides. Sur le sol, l'empreinte est toujours ronde. La queue du chien d'arrêt peut être considérée comme le complément de son odorat. C'est par sa position, par les mouvements qu'il lui imprime, que l'animal marque les impressions qu'il perçoit. Le *fouet* (extrémité de la queue) doit être très fin et très délié. »

Le pelage du chien n'est pas sans importance; il dénote le tempérament de l'animal. Le poil blanc couvre une peau blanche et rose, signe d'un tempérament lymphatique, alors qu'un poil foncé recouvre une peau noirâtre ou même tout à fait noire, indice d'un tempérament énergique. De même la sole du pied exerce une influence sur ses qualités de résistance; blanche et rose, par un temps sec, à travers les chaumes et les terres labourées, elle se blesse et s'entame; tandis qu'une sole noirâtre résistera aussi sûrement que si elle était protégée par des bottes! Le poil du ventre doit être rude.

Toutes ces conditions ne feront cependant pas qu'un chien arrête s'il n'y a pas été dressé. Évidemment, un fort beau chien peut se montrer le digne émule de celui de Jean de Nivelle. Aussi est-ce à l'éducation que le chasseur doit s'attacher et apporter tous ses soins, lorsque son choix est fixé sur un sujet.

En principe, un chien dont le père et la mère arrête arrêtera lui aussi. Mais, comme il n'est pas de règles sans exceptions, il est nécessaire de chercher à prévoir si cette qualité indispensable existera chez le sujet dont on entreprend l'éducation. Voici, entre autres, un moyen qui pourra servir de pierre de touche à cet égard dès que le jeune élève aura trois mois : s'il marque sur les mouches qui se promènent à terre, il y a de l'espoir, sinon le mieux est de le livrer à ses propres penchants. On peut objecter que les chiens qui naissent en automne ne trouvent pas de mouches à arrêter en hiver, alors qu'ils ont atteint l'âge de trois à quatre mois. A cela il n'y a qu'une réponse : Arrangez-vous pour que vos chiens naissent au printemps ou au commencement de l'été, parce que l'époque de la naissance a une grande influence sur le chien, influence qui se manifeste sur le caractère aussi bien que sur le tempérament.

Lorsque le chien est encore tout petit, il convient de laisser à sa mère le soin de sa première éducation, en lui accordant le plus de liberté possible. Laissez-la errer, suivie de ses petits, de la cave au grenier, dans le jardin même, et sachez supporter les petits dommages que leurs incartades vous occasionneront; le point important, à cette période de l'éducation du jeune chien, est de le laisser se familiariser avec son maître. Il contracte ainsi une solide affection pour lui; il apprend la docilité, qu'une trop grande contrainte empêcherait de se développer; la voix, les gestes, les habitudes du maître, deviennent bientôt familiers au jeune chien; il comprend la pensée, prévient les moindres désirs, et il ne reste plus qu'à tirer le meilleur parti possible de cette éducation première, qui s'est, en quelque sorte, faite d'elle-même.

Le chien doit être habitué de bonne heure à la laisse, vers l'âge de trois mois au plus. S'il regimbe ou tire sur le collier, une légère secousse imprimée à la laisse ou un coup de fouet *pour rire* suffisent pour réprimer ces tentatives de rébellion et d'ardeur juvénile. Il est mauvais de faire claquer le fouet et de crier après son élève; s'il s'écarte, il faut le rappeler à mi-voix; s'il est récalcitrant, on peut lui prouver qu'il n'est pas à l'abri du châtiment en lui jetant quelques mottes de terre ou de sable; mais il ne faut jamais courir après lui. S'il est fautif, on doit s'arranger pour qu'il revienne et qu'il obéisse à l'appel; mais il est nécessaire d'éviter une poursuite qui montrerait bientôt au chien sa supériorité à la course, découverte dont il ne tarderait pas à abuser pour se soustraire aux obligations et aux châtiments qu'il aurait à remplir ou à supporter.

De bonne heure aussi, et sans en avoir l'air, il faut aborder la partie si importante de l'éducation du chien, qui consiste à le faire *rapporter*.

Les dresseurs méticuleux se servent pour cette partie de l'éducation du fameux *chevalet* classique fabriqué d'un certain bois, non d'un autre, et ayant une longueur et un diamètre déterminés à un millimètre près. Pour nous, nous croyons et nous sommes même convaincu qu'on peut arriver à d'excellents résultats sans recourir à ces moyens. Le premier objet venu, un gant, un mouchoir, un morceau de bois, rempliront le même office. On commencera donc par jeter, disons un gant, à quelques pas. L'animal, de son propre mouvement, s'en emparera certainement. Dès qu'il le tiendra, prenez lentement une direction opposée à celle que vous suiviez, et bientôt votre chien vous rejoindra en secouant le gant qu'il tient dans sa gueule. Alors, bien doucement et bien posément, retirez-le lui en disant seulement le mot : *apporte!* lorsque le gant sera en votre possession. Ce qu'il faut surtout éviter, c'est que le chien ne lâche le gant avant qu'on ne le lui ait pris. Il faut ici beaucoup de patience et surtout de mutisme. Dans la suite, lorsque l'élève commencera à bien exécuter cette manœuvre, on dira le mot : *apporte!* au moment où il prendra le gant, et enfin, plus tard, avant qu'il s'en empare.

On dresse le chien à l'arrêt de différentes manières; en voici une qui donne généralement d'assez bons résultats.

On place un morceau de viande devant l'élève, et on le force à s'arrêter et à rester immobile devant; puis, quand ce premier résultat est obtenu, on se déplace, et on tourne autour de lui en tous sens. On le caresse s'il reste en place, et on le châtie s'il force l'arrêt; on lui fait alors prendre doucement le morceau de viande par le commandement de : *avance!* Quand le jeune chien est rompu à cet exercice et qu'il arrête et rapporte convenablement, on le mène dans la campagne et on l'exerce sur une caille ou une perdrix qu'on attache par une petite ficelle de deux ou trois mètres dans les herbes ou dans les broussailles. Ce dernier exercice donne plus de peine au dresseur que le précédent; car le chien, animé par la vue du gibier vivant, est plus difficile à retenir, et il faut ici beaucoup de patience et de fermeté, sans toutefois crier et s'emporter. Une fois qu'on a réussi et que l'on est arrivé à tourner et à circuler près du chien sans qu'il quitte l'arrêt, il ne reste plus qu'à le faire chasser.

On l'exerce d'abord à croiser, à quêter sans qu'il reste longtemps au même endroit et sans s'amuser sur les fausses pistes. (A ce sujet nous recommandons de corriger sans pitié le jeune chien qui tombera en arrêt devant la volaille.) Le chien est progressivement habitué à revenir à un appel à voix basse; puis, sur un signe, à se tenir derrière son maître et à le suivre en silence au commandement de : *derrière!* à ne pénétrer dans les forts et dans les broussailles qu'au commandement de : *passe là!* à ne point courir au coup de fusil des autres chasseurs, à ne point couper la chasse des autres chiens; toutes choses que l'on obtient facilement lorsqu'on a su se faire aimer d'un chien.

Ces diverses qualités une fois acquises, la ruse et la prudence viendront d'elles-mêmes avec la pratique.

Le chien de chasse, issu de parents chasseurs, est du reste doué, *a principio,* de la plupart des qualités que nous venons d'énumérer, et l'éducation n'a pour but que de les développer et de les régler.

L'instinct si remarquable du chien est trop connu pour qu'il soit nécessaire de citer des exemples de sa sagacité; mais cependant il est certaines qualités, moins célébrées peut-être, que le chien possède à un haut degré; aussi ne pouvons-nous résister au désir de donner quelques anecdotes qui mettront en lumière les étonnantes aptitudes de ces animaux.

Deux chiens appartenant à deux propriétaires du département de la Seine-Inférieure, MM. Lefebvre et Rémy, avaient pour coutume de se réunir pour chasser ensemble. Un beau jour, ils partirent et ne revinrent pas. Leurs propriétaires commençaient à s'inquiéter quand, au bout de trois jours, un chasseur aperçut un chien qui était au bord du trou béant d'une marnière; le chasseur approcha et vit au fond du précipice une masse noire qu'il ne put distinguer.

Comme il s'éloignait, il reconnut le chien de M. Lefebvre, qui de nouveau était revenu à son poste. Le chasseur en fit part au propriétaire de l'animal; celui-ci fit descendre des hommes dans la marnière, où on trouva le chien de M. Rémy. Ils remontèrent la pauvre bête, qui, revoyant le jour, ne savait comment témoigner sa reconnaissance à ses sauveurs et à son compagnon fidèle, qui, pendant trois jours, ne l'avait pas abandonné.

Un jour, un chasseur de Paris prend le train pour se rendre à Bordeaux en compagnie de son chien, qui ne connaissait pas du tout cette dernière ville.

Arrivé à Bordeaux, le voyageur en sortant de la gare prend un fiacre et se fait conduire à l'hôtel, où il laisse ses bagages et son chien; puis il part, *remonte en voiture* et se fait conduire successivement chez quelques amis auxquels il va annoncer son arrivée; finalement il dîne chez l'un d'eux, et il était bien loin de penser à son chien, lorsque, vers la fin du repas, des aboiements sonores se firent entendre à la porte.

C'était le chien, qui, las d'attendre son maître et ayant faim, avait forcé la consigne et s'était mis en quête. Quelques jours après, son maître apprit qu'il avait suivi exactement ses traces, et qu'on l'avait vu dans les diverses maisons où il s'était rendu lui-même.

Or le chasseur avait fait ses visites en voiture.

Voilà des exemples qui démontrent surabondamment que les bons traitements à l'égard de nos compagnons de chasse ne sont pas sans résultat, et qu'un bon chien sait toujours retrouver son maître et rendre service à un ami, voire même se venger d'un ennemi, témoin le fait suivant:

Un sportsman parisien possède un grand épagneul qui fut, certain jour, injustement rossé par le domestique du logis. Tant qu'il avait été châtié pour un fait qui en valait la peine, l'animal n'avait point gardé rancune; mais cette fois il se fâcha tout de bon, et le soir même, pendant que son maître savourait son dîner, Black fit entendre un long cri de détresse. Son maître s'imagina que le domestique avait marché sur la patte du chien.

« Brutal! s'écria-t-il.

— Mais, Monsieur, je vous jure!

— Taisez-vous, et une autre fois faites un peu plus attention aux pattes de Black. »

Le lendemain, au moment du déjeuner, le même cri se renouvela, et l'animal se sauva en hurlant.

« Vous le faites donc exprès! » s'écria le maître, qui tança le valet plus vertement encore.

Le surlendemain au soir la même scène eut lieu.

Cete fois, non seulement Black se sauva, mais encore il se cacha de telle façon qu'on ne put pas le retrouver.

Cette fois aussi, le valet qu'on avait grondé déclara qu'il priait instamment Monsieur de vouloir bien examiner les allures de son chien. Black fut surveillé et surpris au moment où il allait reprendre le cours de ses plaisanteries.

Pour le coup, le maître partit d'un grand éclat de rire, à ce point que Black demeura en arrêt; seulement, quand il s'aperçut que son ennemi ne recevait plus de réprimande, il essaya de boiter, de traîner la patte, etc., et son maître se divertit de plus belle de cette invention.

Le chien courant. — Son éducation.

Les mêmes règles président au choix du chien courant; le jeune élève doit être issu de parents chasseurs, bon chien chasse de race, c'est pour cela qu'on ne saurait trop recommander de ne pas choisir ses chiens au jardin d'acclimatation, par exemple, où les étalons et les lices s'abâtardissent dans l'oisiveté de la cage et l'éloignement de la chasse.

Au point de vue de la conformation du chien, il y a trois choses indispensables à observer : la poitrine, le rein et la patte.

L'Arabe dit, en parlant de son cheval, qu'il ne marche pas avec les jambes, mais avec la poitrine. Ce dicton, loin d'être une absurdité, est un axiome. Un animal dont la poitrine manque de développement ne fournira jamais une longue carrière de vitesse. La poitrine, chez le chien courant, ne doit pas être cylindrique, mais profonde et descendue entre les jambes, le plus près possible de terre. Elle ne doit pas offrir une surface large, qui rendrait plus pénibles la marche et la respiration.

Après la poitrine, c'est certainement le rein qui est le plus utile à la vitesse. Il doit être légèrement convexe et suffisamment large, mais pas trop long. Cette conformation permet au chien de faire, avec moins d'efforts, des foulées beaucoup plus longues.

La patte doit être sèche, c'est-à-dire peu charnue; la forme ronde ou allongée est sans grande importance, cependant choisissez de préférence une patte ronde.

La voix du chien est une question à laquelle il faut aussi

accorder son attention; mais, comme nous choisissons un sujet jeune, c'est-à-dire presque aphone, nous ne pouvons que nous livrer à des conjectures sur ce que sera son organe, d'après la voix de ses parents. Cependant, en principe, un chien qui donne trop se fatigue, et un chien qui hurle est presque toujours un chien de queue. Un juste milieu est nécessaire.

Un chien courant doit avoir une taille élevée, environ soixante-cinq centimètres; sa robe peut être de n'importe quelle couleur, pourvu que le poil soit assez long pour le protéger des piqûres. C'est une erreur de croire qu'un poil long rend le chien plus sensible à la chaleur; est-ce qu'une personne habituée à être couverte a plus chaud que celle qui l'est moins ?

La tête du chien courant doit être plutôt forte que petite, pour plusieurs raisons : la première est que le chien, étant destiné à lutter contre l'animal forcé qui cherche à défendre sa vie, doit avoir une mâchoire assez forte ; la seconde, c'est que vous serez obligé de serrer trop fortement le collier du chien, lorsque vous le couplerez, si la tête est trop petite, pour éviter que le collier ne passe par-dessus les oreilles; enfin, plus le front est large, plus il dénote l'instinct.

Les difficultés d'élevage sont grandes. Pour le jeune chien comme pour l'enfant, il faut du lait, beaucoup de lait. Aussi ne devra-t-on pas laisser à une lice plus de quatre nourrissons. Au bout d'un mois, la mère ne suffira déjà plus; il faudra donner aux élèves une soupe au lait mitonnée; à deux mois, on ajoutera à la soupe des lavures grasses. Il faut surtout se garder, à cet âge, de donner du pain sec. La mère sera nourrie de la même soupe que les nourrissons.

Le chien est carnivore; aussi, dès l'âge de quatre mois, il devra manger de temps en temps de la viande, qu'on lui donnera toujours fraîche et saine.

Comme l'usage du chien courant implique assez généralement la possession d'une meute ou tout au moins de plusieurs sujets du même type, nous indiquerons à grands traits les procédés de dressage; car l'entretien, la conduite et le soin d'une meute exigent la présence d'un piqueur ou valet de chiens, dont l'expérience personnelle suppléera aux lacunes que nous serons obligés de laisser.

On commence à dresser les jeunes chiens courants à l'âge de dix mois ou un an.

Tout d'abord, les chiens devront être habitués à ne pas faire un pas sans commandement. Le piqueur les habituera aux différentes intonations usitées à la chasse, pour en exiger des signes d'obéissance, soit en modérant leur ardeur, soit en leur donnant quelque liberté. Les chiens ne devront manger qu'au commandement, et le piqueur surveillera le repas, armé d'une gaule ou du fouet. Lorsqu'ils commenceront à connaître les personnes et à comprendre les ordres, ils seront conduits, couplés, dans un endroit où on ne court pas risque de les perdre, tel qu'un champ fermé entre deux haies. Quatre hommes les accompagnent, un de chaque côté. Ils seront ainsi habitués à suivre l'homme qui marche devant; celui-ci les appellera de la façon ordinaire : *hau! hau! hau!* et décrira toutes sortes de marches et contremarches. Une fois qu'ils sauront s'arrêter, repartir, faire volte-face et décrire un cercle, les chiens seront exercés aux mêmes leçons à l'état libre, c'est-à-dire découplés. Puis on changera de terrain et on mènera la meute en campagne; les mêmes exercices seront conduits par des hommes à cheval au lieu d'être à pied, et on les fera faire à la meute à toutes les allures. Il ne faudra pas tolérer la moindre ardeur chez les chiens pendant les leçons; tout *emballage* devra être immédiatement puni du fouet.

Les chiens seront ensuite conduits dans une plaine où ils trouveront des lièvres; et ils seront empêchés, à l'aide du fouet, de courir après, car une meute pour le cerf ou un vautrait ne doit point se détourner pour le lièvre. Au bout de quelques jours on arrivera par ce procédé à faire passer la meute près d'un lièvre sans qu'elle y prête attention. Puis on fera comprendre aux chiens à quelle nature de gibier ils devront s'attaquer, et enfin, petit à petit, on les incorporera dans une meute dressée.

Il faut, pour bien chasser, égaliser le pied des animaux, c'est-à-dire ne mettre ensemble que des chiens de même taille et de même vitesse, qui seront conduits par un chien bien dressé et agile, dit chien de tête.

Les maîtres tiendront la main au bon état des chenils et à leur excessive propreté.

Toute incartade des chiens sera punie immédiatement, toujours du fouet, sans jamais faire usage du bâton ou du pied; enfin on habituera les chiens à la trompe et aux fanfares, dont on leur fera comprendre le sens en les obligeant à se conformer à l'ordre qu'ils entendent. Ainsi se dresse un vautrait.

Tels sont, dans leurs grandes lignes, les moyens employés pour dresser les chiens courants. Comme il n'entre pas dans le cadre de ce livre, destiné à la jeunesse, de donner tous les moyens pratiques et théoriques de dressage, nous nous en tiendrons là, et adresserons les lecteurs curieux aux ouvrages spéciaux sur cette matière.

Nous n'ajouterons qu'un mot : pour être un des habiles dans l'art de chasser à courre, il faut être un écuyer hors ligne, un centaure cloué sur la selle d'un cheval aux jarrets d'acier, et ne craindre ni les chutes ni les branches d'arbre qui vous coupent en deux. Une fois ces dangers méprisés et ces qualités acquises, on peut aspirer à devenir un veneur émérite.

L'histoire de la vénerie a conservé les noms de quelques chiens illustres. C'est ainsi que *Souillard*, chien de Louis XI, se rendit célèbre par ses qualités; il fut le père de la race des chiens dits *Baux* ou *Greffiers.*

Louis XII écrivit lui-même l'histoire de *Relais*, qui eut la France entière pour théâtre de ses exploits. Ce fier animal, la terreur du gibier, était affranchi de la couple; il marchait comme un général à la tête de tous les autres, leur montrant toujours la droite voie et les y ramenant lorsqu'ils s'en étaient écartés. Si la nuit dérobait un cerf à ses recherches, il couchait sur place, et se relevait avec le jour, frais et disposé à repartir. On ne parlait que de lui, son roi le chérissait. Il mourut à treize ans, et, le jour même de sa mort, il attaqua et força un cerf dix-cors.

Pour citer un exemple plus récent de la vitesse extraordinaire que peuvent atteindre certains chiens, nous raconterons le fait suivant :

Un jour les voyageurs commodément installés dans le train de Périgueux à Coutras furent témoins, à la gare, d'une course des plus intéressantes. Au moment où le convoi se mettait en marche, un jeune chien, de l'espèce lévrier, ayant vu son

maître monter dans un wagon, se mit en tête de le suivre.
Depuis Périgueux jusqu'à Razac, le rapide animal suivit le
convoi côte à côte sans se laisser distancer.

A Montanceix, le convoi devança le chien, qui le suivit pendant quelques minutes à une distance de 50 mètres. A la
hauteur de Jeyras, le chien avait perdu beaucoup de terrain,
et on ne le voyait plus que comme un point noir. Enfin le
convoi étant arrivé à la station de Saint-Astier, le propriétaire attendit le coureur, qui parut bientôt et arriva trois minutes après la descente des voyageurs.

La distance de Périgueux à Saint-Astier est de 18 kilo-
mètres, que le chien avait mis 30 minutes à parcourir.

A titre de renseignement, nous dirons que si les chiens
savent témoigner leur affection ou leur inimitié, ils ne sont
pas non plus sans avoir provoqué de grandes passions de la
part de leurs maîtres.

Frédéric le Grand fit élever un monument à sa chienne
Alcmène.

A Gênes, on voit un magnifique mausolée en marbre élevé
à la mémoire d'un chien qui fut le favori du brave marin
André Doria. Ce chien, décédé en 1605, reçut pendant
toute la durée de sa vie, du roi Philippe II d'Espagne, une
pension annuelle de cinq cents ducats d'or. Il était servi par
deux esclaves, qui lui apportaient sa pitance dans des plats
d'argent.

Le roi Henri IV fit la réputation de Dieppe en y envoyant
son chien *Fanor*, qui était blessé et qui y fut soigné.

Un comte de Clermont porta le deuil de son chien *Citron*
et fit faire pour lui l'épitaphe suivante :

> Ci-gît Citron qui, sans peut-être,
> Avait plus de sens que son maître.

Une duchesse française prit également le deuil à la suite de
la mort de son chien, et reçut, dans son lit, les compliments
de condoléances de ses amis.

Alexandre Dumas a écrit l'*Histoire de mes bêtes*.

Les Anglais ont un proverbe qui dit : *Love me, love my dog*
(Aimez-moi, aimez mon chien). Dans ce pays, l'amour des
chiens est encore plus développé qu'en France. Les chiens

du duc de Bedford habitent un palais spécialement construit pour eux, qui a coûté 70 000 livres sterling (un million sept cent cinquante mille francs !).

Voilà, croyons-nous, des appartements que peu d'humains peuvent se payer.

Heureux chiens !...

Jacques du Fouilloux, dans son *Traité de vénerie*, donne au nom de la ville de Tours une curieuse étymologie, que nous relatons à cause de son originalité.

Les chiens courants, d'après cet auteur, ont été introduits en France par des guerriers revenant du siège de Troie ; parmi ceux-ci, un certain Brutus s'était établi en Gaule. Le roi Groffarius, qui régnait sur la contrée appelée de nos jours la Touraine, voulut s'opposer à l'envahissement de ces étrangers ; il livra donc bataille à Brutus en un lieu où s'élève actuellement la ville de Tours. Dans ce combat le fils de Brutus, nommé Turnus, fut tué, et en souvenir de cet événement le village prit un nom qui, de modification en modification, devint par la suite celui de Tours. — Dans cette bataille, les envahisseurs eurent pour auxiliaires de grands chiens blancs, qui devinrent les ancêtres de notre race de chiens courants français. Ainsi parle du Fouilloux, gentilhomme de François Ier, sur la foi d'auteurs anciens.

Histoire de Mirault.

Mirault était une de ces bêtes rares qu'on ne rencontre qu'entre les mains d'un chasseur accompli. C'était un basset à jambes droites, au pelage fauve ; son œil vif et spirituel savait lire sur le visage de son maître ce qu'il devait faire. Il devinait sa volonté, ou plutôt on eût cru qu'une même intelligence, un même instinct les dirigeait tous deux. On eût dit que l'un et l'autre concevaient en même temps la même pensée.

Simon, le maître du chien, était garde dans la forêt de Compiègne.

Mirault, suivant les circonstances, se montrait bon chien d'arrêt ou excellent chien courant. Il savait, sur un regard de

Simon, quel rôle il avait à remplir, et il s'en acquittait avec une rare intelligence.

Simon et Mirault étaient inséparables : le jour, la nuit, toujours on les rencontrait ensemble.

Dès que l'aube commençait à paraître, le garde allait visiter ses pièges; le chien marchait à quelques pas devant lui pour éclairer sa route, dont il ne s'écartait jamais; puis, lorsqu'ils approchaient des endroits où les pièges étaient tendus, le chien revenait se placer derrière son maître et ne le quittait plus sans son autorisation.

Souvent il arrivait qu'un piège était enlevé par un renard, un blaireau ou par quelque autre animal; car Simon savait qu'il est préférable de ne pas attacher les pièges et de mettre seulement au bout de la chaîne une forte traverse de bois. Par ce procédé, l'animal qui, dans sa fuite, cherche les endroits les plus fourrés, se trouve arrêté à chaque pas. Il ne peut donc fuir bien loin, et il finit par tomber épuisé au pied de quelque buisson. Cependant il conserve toujours l'espoir de se sauver. Il ne songe pas à se débarrasser de l'instrument de torture en se coupant la patte, il ne songe qu'à l'emporter avec lui. C'est le contraire qui se produit lorsque le piège est fixe; l'animal, qui se sent arrêté, s'aperçoit bien vite qu'il ne peut se dégager, et dès que sa patte est engourdie, il la ronge au ras du piège. Au prix d'un membre il recouvre sa liberté, ce bien si cher, qu'on ne saurait le payer d'un trop haut prix.

Simon savait tout cela, aussi se gardait-il bien d'attacher ses pièges.

Lorsque l'un d'eux était enlevé, Mirault prenait la trace, et conduisait bientôt son maître jusqu'au fugitif.

La nuit, quand Simon se mettait à l'affût des braconniers, Mirault, blotti contre lui, restait silencieux et immobile. Le frémissement de son corps témoignait seul la part qu'il prenait à l'action. Simon s'élançait-il de son embuscade, Mirault sautait aux jambes du délinquant et aidait ainsi son maître à l'arrêter.

Enfin il n'était point de service que Mirault ne rendît à son maître.

On payait à cette époque aux gardes, pour la destruction des hérissons, 25 centimes par tête capturée. Comme Simon ne négligeait pas les petits bénéfices, il consacrait deux ou trois nuits par semaine à cette chasse qui devenait pour lui une source de revenus, car il en tuait jusqu'à douze cents par an, ce qui lui constituait une rente de 300 francs.

Mirault avait vite compris ce que son maître attendait de lui, et lorsque le soir, après dîner, Simon partait emportant son grand sac, Mirault se mettait en quête, battait les taillis, rencontrait les voies, les suivait et dirigeait son maître. Celui-ci mettait le hérisson dans le sac, puis on passait à un autre.

Les forces humaines ont des limites.

L'appât du gain sollicitait trop Simon, qui, oublieux de sa santé, passait presque toutes les nuits dehors à courir les hérissons ou les braconniers. Un matin, au retour d'une de ces expéditions, Simon dut se mettre au lit; huit jours après, il mourut, et ses compagnons lui rendaient les derniers honneurs en déchargeant sur sa tombe leurs carabines de gardes.

Le pauvre Mirault accompagna, lui aussi, son maître à sa dernière demeure. Ses hurlements ne cessaient pas.

Lorsque la terre eut recouvert la dépouille de celui à qui il avait consacré sa vie, Mirault dut être emmené de force et enfermé dans une chambre. La précaution fut inutile; Mirault sauta par la fenêtre et retourna au cimetière, où on le retrouva occupé à gratter la terre avec ses pattes au-dessus de l'endroit où gisait son cher maître. On l'emporta de nouveau, mais il y revint; on l'emporta encore, toujours il y revint. Enfin, au bout de huit jours, le chien, qui avait refusé toute nourriture, se coucha sur la tombe du garde et ne se releva plus.

Il n'avait pas voulu survivre à son compagnon de chasse, l'ami auquel il s'était dévoué.

CHAPITRE III

LA FAUCONNERIE

La fauconnerie et les rois de France. — L'art de dresser les oiseaux
de chasse. — Le faucon en Algérie. — Chanson arabe.

Aristote et Pline, Élien et Firmius, ont fait mention dans
leurs ouvrages de l'art de la fauconnerie. Les Francs con-
naissaient également la chasse au faucon; les lois qui étaient
en vigueur contre les voleurs d'oiseaux de chasse nous en
sont une preuve; les Gaulois, eux aussi, pratiquaient cette
chasse à laquelle un certain Vectius, au dire de Sidoine
Apollinaire, se livra avec succès. C'est surtout au moyen âge
que la fauconnerie atteignit sa plus grande vogue et son plus
grand essor; à cette époque, elle devint un art véritable
réservé au roi et à la noblesse. Charlemagne avait des officiers
et un équipage de fauconneric; dans les comptes des dépenses
de la maison de Philippe-Auguste, figurent certaines sommes
pour l'achat et l'entretien des autours et faucons.

Ce fut Charlemagne qui, par un capitulaire, interdit aux
serfs la chasse au faucon; la même défense fut faite aux
abbés et aux abbesses, qui avaient déjà commencé à élever
des oiseaux pour chasser sur leurs domaines. Lors de la première croisade, les chevaliers emportèrent des faucons en
Palestine.

Le résultat de ces prohibitions et de cet engouement fut
que le faucon devint bientôt une sorte d'emblème ou d'attribut
de la noblesse. Les monnaies, les médailles furent frappées
au faucon; les seigneurs et nobles dames eurent des sépul-

tures sur lesquelles ils étaient représentés le faucon au poing. Certains gentilshommes eurent le privilège d'assister à la messe avec leur oiseau, tels le trésorier de l'église d'Auxerre et le seigneur de Sassay.

Jusqu'à Louis XII la chasse au faucon, dite chasse au vol,

Faucon-émérillon. — Faucon-cresserelle.

ne cessa d'être pratiquée en même temps que la vénerie. La fauconnerie se divisait en deux classes : la haute et la basse volerie.

La première comprenait l'usage du faucon, du gerfaut, du sacre et de leurs variétés ; la seconde, celui de l'autour, de l'épervier et de leurs variétés.

La chasse au faucon empruntait à la présence des dames qui y prenaient part un cachet de poésie et de galanterie dont les auteurs de romans de chevalerie n'ont pas manqué de tirer parti.

Jean le Bon fut un des plus illustres chasseurs au vol; pendant sa captivité en Angleterre, il fit écrire pour son fils, par son chambellan Gosse de Bigne, un traité en vers de la fauconnerie.

Frédéric III d'Allemagne, le plus grand chasseur de son temps, a laissé l'*Art de chasser les oiseaux de proie*.

Henri IV ajouta un faucon au sceau impérial. Enfin Fran-

L'autour.

çois Ier, Louis XIII, Louis XIV et Louis XVI, se livrèrent à cette chasse, quoique la vogue diminuât pour cesser presque complètement avec ce dernier. Aujourd'hui la chasse au faucon est presque complètement abandonnée en Europe; on la retrouve encore en Asie et en Afrique.

La fauconnerie est un art et une science à la fois.

Une patience à toute épreuve et des soins de tous les instants étaient les premières conditions requises pour arriver à un résultat favorable. Ensuite il fallait compter avec la maladie, avec les pertes d'oiseaux, enfin avec les mille difficultés qui surgissaient sans cesse au cours de cette pénible et minutieuse besogne qui constitue l'élevage et le dressage du faucon.

Le choix du sujet que l'on désirait élever et dresser devait être subordonné au genre de chasse auquel on le destinait. Pour l'alouette, la caille et la perdrix, le faucon ordinaire, le faucon du Nord et l'émérillon, étaient préférés à la cresserelle, qui était cependant plus répandue. Le faucon lanier était recherché pour le vol de plaine et de marais; le gerfaut, originaire d'Islande, était le plus apprécié pour sa force, qui ne cédait qu'à l'aigle; le gerfaut était en effet le plus fort et le plus redoutable et s'attaquait indifféremment à tous les oiseaux grands ou petits : cigogne, héron, perdrix, caille, etc.

Le commerce des faucons donnait lieu à un trafic important; on les amenait en France de toutes parts : de Suède, de Norvège, de Chypre, de Turquie, d'Afrique et d'Espagne. Leur prix était très élevé.

Que l'on se décidât pour l'une ou l'autre des espèces que nous venons de citer, la grande difficulté restait toujours la même, et avec le dressage commençaient les tribulations du fauconnier.

En règle générale, le sujet choisi devait présenter les principales qualités suivantes : avoir la tête ronde, le bec court et gros ainsi que les jambes, les doigts allongés, les ongles recourbés et les ailes longues. Le plumage devait être d'une couleur uniforme et sombre.

Enfin l'un des meilleurs signes de la qualité de l'oiseau, c'est de se tenir ferme contre le vent et de chevaucher solidement sur le poing du porteur.

Le premier soin du fauconnier doit être d'accoutumer l'oiseau à se tenir sur le poing, à partir quand il le jette, à reconnaître sa voix ou tout autre signal, et à revenir au commandement. Pour arriver à ce but, on se sert du *leurre,* sorte d'oiseau en bois ou en étoffe auquel est attaché le *pât,* c'est-à-dire l'aliment de prédilection du faucon; le plus seuvent le pât se compose de chair de poulet sucrée et aromatisée avec de la cannelle.

Suivant la chasse spéciale à laquelle on cherche à dresser l'oiseau, on donne au leurre tel ou tel plumage rappelant celui du gibier que l'on veut désigner plus particulièrement au faucon.

Celui-ci est attaché par une ficelle, et, au cri ou au commandement de son maître, il doit partir et fondre sur le leurre, puis revenir sur un nouveau commandement.

On peut aussi dresser des oiseaux qui ont vécu à l'état
sauvage afin que, habitués à chasser, ils connaissent toutes
les ruses propres à l'oiseau de rapine. Dans ce cas, on les
laisse dans une pièce où on vient les visiter souvent. Ils ne
doivent recevoir de nourriture que quand ils l'ont méritée,
c'est-à-dire lorsqu'ils sont venus la chercher sur le poing.
Une fois ce résultat obtenu, le maître passera dans une pièce

Le gerfaut.

voisine où l'oiseau ne peut le voir, puis il appellera le faucon,
qui apprendra ainsi à rejoindre son maître rien qu'à l'appel
de sa voix. Il faut environ quinze jours pour que l'oiseau
obéisse au sifflet ou à la parole. Après ces exercices prépara-
toires, l'oiseau sera attaché par une ficelle, et les mêmes
commandements lui seront faits en plein air. Enfin, quand
on est sûr de l'obéissance de l'élève, on le détache, on fixe
un grelot à sa jambe pour pouvoir suivre ses mouvements,
et on l'exerce librement dans la campagne. Tant que l'oiseau
est sur le poing, il doit être privé de l'usage de ses yeux au
moyen d'un chaperon qui ne lui est ôté qu'au moment où le
gibier est en vue; alors on jette l'oiseau et on l'excite de la
voix contre la proie.

On le voit alors s'élever et planer; puis, après avoir découvert le gibier et compris ses mouvements, il fond sur lui comme une masse et le rapporte à son maître. Afin de l'habituer à revenir, on donnera au faucon le gésier et les entrailles de sa victime dès qu'il sera sur le poing, afin de le récompenser et de l'accoutumer ainsi à toujours retourner vers son maître.

Si l'on veut dresser le faucon à chasser les quadrupèdes, on se sert de la peau d'un des animaux contre lesquels on désire l'exercer; après avoir rendu à cette peau, au moyen de paille ou d'étoupes, l'apparence et la forme de la nature, on cache le pât dans la cavité des yeux de la bête. On habitue ainsi le faucon à se jeter sur la première pièce de gibier venue, à se cramponner à sa tête et à lui crever les yeux, ce qui arrête le gibier et permet en tout cas au chasseur de le tuer sans risque.

Le faucon domestique est sujet à une maladie appelée le *crac;* on le traite au moyen d'une cure de filasse qu'on lie avec de la rue ou de l'absinthe, et on lui donne des viandes macérées tantôt dans l'huile d'amandes douces, tantôt dans l'eau de rhubarbe; une nouvelle cure complète le traitement.

Il est quelquefois atteint d'une constipation spéciale connue sous le nom de *craie;* il faut y remédier promptement en trempant ses aliments dans un mélange de blanc d'œuf et de sucre candi.

Enfin, d'une chasse qui naguère était si brillante en France, il ne nous reste presque plus rien que le souvenir que les auteurs nous en ont transmis.

Ces chasses fastueuses, où la richesse des costumes, le rang occupé par les personnages, le luxe des équipages, apportaient un éclat merveilleux, ont disparu pour faire place au vulgaire fusil, au chien et au furet. Là où nos ancêtres trouvaient de si belles occasions de déployer leurs grâces et leurs avantages, nous avons mis aujourd'hui un exercice qui, sans être à mépriser, est cependant loin de développer le goût de la civilité et du respect aux dames, comme jadis les chasses au faucon en avaient le don.

Ce noble divertissement, qui a fait la joie de tant de générations, a disparu devant le prosaïsme moderne, et ce n'est

plus que dans les contrées orientales qu'on retrouve encore
un reflet bien pâli de sa gloire d'antan. L'Arabe ou l'Indien,
ces peuples simples, au langage doux et imagé, sentent
encore la poésie et le charme de ce genre de chasse, grâce
à l'éloignement dans lequel ils vivent des progrès incessants

Chasse au faucon, en Algérie.

du positivisme actuel. Les Hongrois chassent encore au
vol, dans leurs vastes plaines, et ceci nous est encore une
preuve de la sorte de caractère qu'il faut avoir pour aimer la
fauconnerie ; ces Orientaux d'Europe ont, eux aussi, des
manières affables et douces, et leur langage, comme celui de
leurs frères d'Asie ou d'Afrique, est semé de claires figures
qui y mettent une note d'amour et d'idéal.

En Algérie, il n'y a plus que les familles les plus riches

qui chassent au faucon ; les indigènes les appellent *Hell-el-Thiour*, gens d'oiseaux. Les membres de ces familles chassent de père en fils ; ils ont, pour les aider, des écuyers-fauconniers, qu'ils chargent de prendre des oiseaux de race, de faire leur éducation, de les nourrir, de les porter et de les rappeler quand on poursuit le lièvre ou l'outarde.

Il y a, assure-t-on, parmi ces gens (que l'on nomme *biâzes*, oiseleurs) des types d'une grande originalité ; le fond de leur caractère est un amour-propre démesuré à l'endroit de leur science en fauconnerie. Les oiseaux que l'on préfère pour la chasse viennent de la Suède, de la Norvège et de la Finlande ; mais le faucon d'Afrique, que les naturalistes désignent sous le nom de *lanier*, est aussi fort apprécié.

Pour capturer ces laniers, les indigènes se servent de perdrix, de pigeons et de gangas. Ils enveloppent ces volatiles d'un réseau de lacs et les mettent en vue en plein champ, ou les placent près des endroits où s'abritent les oiseaux qu'ils veulent prendre. Le faucon, en se précipitant sur ce qu'il croit être une proie, se prend les serres dans les lacs disposés à cet effet et en détermine l'action en cherchant à emporter l'appât, qui est attaché à une ficelle fixée elle-même à une pierre assez lourde pour ne pas être enlevée. Le biâze, qui est resté à l'affût, s'approche alors avec précaution et s'empare du faucon, qu'il coiffe tout d'abord d'un capuchon pour lui enlever tout moyen de défense. Il lui met ensuite de petites manchettes en cuir auxquelles il attache des lanières, de six à huit pieds de longueur, nouées par l'autre extrémité au gant à crispin que porte tout fauconnier lorsqu'il a un oiseau sur le poing.

On fait chasser les faucons du mois de novembre à la fin du mois de mai, et on leur laisse leur liberté pendant les grandes chaleurs.

Arrivés sur le terrain de chasse, les biâzes s'efforcent par tous les moyens de faire lever le gibier ; ils agitent les pans de leurs burnous, frappent leurs éperons contre les étriers et crient à pleins poumons. A ce moment, on débarrasse les faucons des lanières qui retiennent encore leurs manchettes de cuir, tout en leur laissant la tête encapuchonnée. Aussitôt qu'un lièvre est levé, on décoiffe l'oiseau, et on le laisse prendre sa volée. Le faucon s'élève à une certaine hauteur, découvre le gibier, gagne au vent et fond sur l'animal, qu'il attaque du bec et des ongles. Le lièvre est tellement terrifié par l'aspect du faucon, qu'il oublie la crainte que lui inspirent l'homme et les chevaux et qu'on peut souvent le prendre à la main.

Il n'en est pas de même de l'outarde, qui se défend vigou-

Émérillon.

reusement et qui, par son vol puissant, entraîne et perd souvent son agresseur. Le faucon qui *a le dessus* sur une outarde sort presque toujours victorieux de la lutte; mais, si l'outarde peut amener le faucon sous elle, celui-ci est généralement mis hors de chasse pour le restant de la saison.

Voici comment :

Avoir le dessus pour le faucon est très important, parce que l'outarde a la vilenie de *salir* le faucon quand elle l'a sous elle. C'est une défense suprême et très efficace dont elle a été douée par la nature. Quand cette défense peut être employée à propos, le faucon qui reçoit le jet de liquide corrosif en est aveuglé, et il est obligé de lâcher sa proie. De plus, s'il n'est pas lavé sur-le-champ avec de l'eau, il est hors de service pour un temps assez long, la matière lancée par l'outarde ayant la propriété de coller les plumes et de ternir la vue.

Les Arabes ont pour habitude, lorsqu'ils chassent au faucon, de chanter des ballades à la louange de l'oiseau qui leur est cher ; en voici une qui donnera une idée de ce genre de poésie :

> Ia their el-bela !
> Fettsen el-heoua,
> Metelek ma iouka.
> Ouihh ! ouihh !
>
> Nhar el seid,
> Ma ikoun sid
> Illa R'ellab-el-Djid.
> Ouihh ! ouihh !
>
> Ou aïn th'orbi ia arneb el mikrouda ?
> Ou aïn ett'eihi ia oum el houbara ?
> Ma infakoum, la djenah, la kora.
> En cha Allah temsou fi yed el derria !
> Ouih ! ouih ! Haou ! haou !
>
> Men, y ferrah benat archi ?
> Men y hammeur oudj khrouti ?
> Men ibien kresselet khreili ?
> Men, men hernoum denia inessi ?
> Ouihh ! ouihh !
>
> Theiri ! Their el Sahra el Kerim
> Fdhôl Allah el adhim !
> Nechekerek ia ouldi ala el daïm.
> N'haar maâk, men iam el djenna, ida makount naïn !
> Ouihh ! ouihh ! Haou ! haou !

O oiseau de la lutte ! — Combattant de l'air ! — Comme toi, il ne s'en trouve. — Au jour de la chasse, il n'y a de seigneur que R'ellab le noble. Ouihh ! ouihh !

Où te sauveras-tu, ô lièvre bientôt pris ? — Où tomberas-tu, ô mère des outardes ? — Ils ne vous suffiront pas, vos pieds et vos ailes ! — S'il plaît à Dieu, vous serez ce soir dans les mains de nos enfants ! — Ouihh ! ouihh ! Haou ! haou !

Qui donne la joie aux filles de ma tribu? — Qui rougit la figure
de mes frères? — Qui fait paraître les vertus de mes chevaux? —
Qui des maux de ce monde donne l'oubli? — Ouihh! ouihh!

C'est mon oiseau, l'oiseau du désert, le généreux! — Présent du
Dieu, le fort et le très-haut! — Je te louerai, ô mon fils, sans cesse
ni répit. — Un jour avec toi est un de ceux du paradis, si je ne suis
en rêve! Ouihh! ouihh! Haou! haou!

Le cri de ouihh! ouihh! et de haou! haou! est un encou-
ragement et une excitation donnés à l'oiseau.

Les Arabes adonnés à la fauconnerie consacrent à l'élevage et à l'entretien de leur train de chasse des sommes
considérables. Un bon biâze est très recherché, et les faucons
bien dressés sont rares; les oiseaux se perdent souvent ou
deviennent souvent la proie des aigles, leurs plus redoutables ennemis. Si, après le lâcher des faucons, un aigle
apparaît, ceux-ci s'affolent, et, fous de terreur, ils deviennent
sourds à la voix et aux appels du maître. Il n'est pas rare
dans ces occasions de voir disparaître, perdus à jamais, les
oiseaux les mieux dressés que la peur a égarés. Ce danger,
qui n'est guère à redouter en France, est assez commun en
Algérie.

Le biâze professe pour ses oiseaux un amour comparable
à celui d'un père pour ses enfants; il les surveille, les soigne
et s'en occupe sans cesse; le faucon et le cheval se partagent
son cœur; ce sont ses deux amis, ses instruments de chasse
et de victoire; il les aime parce que l'Arabe aime la chasse
et qu'il est très avide de succès d'amour-propre.

CHAPITRE IV

Le permis de chasse est obtenu, le chien est dressé,
l'équipement est prêt, la mémoire du jeune chasseur est suffisamment imprégnée des précautions que la prudence com-
mande : il ne reste plus qu'à faire choix d'une arme.

A quel fusil donnerez-vous la préférence ?

Chaque système a son mérite ; le meilleur est celui dont
on a l'habitude de se servir ; mais, comme nous supposons
que vous n'avez pas encore beaucoup de pratique, nous
allons examiner ensemble, jeunes chasseurs, les divers avantages des nombreux modèles en usage.

Si on interroge un chasseur qui a vingt-cinq ans de chasse,
c'est le fusil à pierre qu'il met au-dessus de tous ; mais si
on parle de cette arme à quelque chasseur de date plus ré-
cente, il n'admet que le système à percussion ; puis viennent
les fusils que l'on charge par la culasse. Cette dernière catégorie se divise en fusils à pivot et fusils à bascule.

Un fusil bon, ou même médiocre, peut devenir dans certaines mains une arme incomparable et acquérir la perfection
par l'usage qui en aura été fait, au moyen duquel on saura
au juste tout le parti qu'on peut en tirer. C'est pour cela qu'un
chasseur habitué à son arme n'en changera qu'à contre-
cœur.

Le chasseur pouvant disposer d'une somme relativement
forte devra acheter son arme à Paris, chez un des fabricants

dont le nom seul est une garantie suffisante; si, au contraire, on ne veut employer qu'une somme moindre, on s'adressera à Saint-Étienne ou à Liège. Les armes qui sortent de ces manufactures out été contrôlées et soumises à des épreuves faites sous les yeux d'un agent de l'autorité; on peut donc tomber sur un fusil médiocre, mais non sur un mauvais. Quel que soit le système choisi, il convient de ne pas s'arrêter à l'ornementation d'une arme. Cette surcharge d'incrustations ou de gravures n'ajoute rien à la valeur réelle, tout en augmentant considérablement le prix d'achat. Quelquefois même ces décors nuisent à la solidité, et, en tout cas, ils rendent le nettoyage extérieur de l'arme plus difficile. Il vaut donc mieux laisser ce genre d'engins dans les vitrines dont ils sont l'ornement, et choisir pour son usage un fusil simple, solide et bien en main.

Le poids de l'arme n'est pas sans importance, et si un fusil lourd fatigue un peu plus qu'un autre, il compense cet inconvénient par la sécurité qu'il offre (3 kilos 250 grammes est un poids très convenable).

Les fusils de chasse n'étant point, comme les fusils de guerre, soumis à un modèle particulier, il s'ensuit qu'il en existe un grand nombre; de plus, le travail et le génie de l'ouvrier n'étant pas limités par des règlements uniques, il en résulte que généralement une arme de chasse est mieux finie et meilleure qu'un fusil de munition; il suffit d'y mettre le prix.

Il y a des fusils simples et des fusils doubles, c'est-à-dire des fusils à un coup et à deux coups.

Mais comme l'usage des fusils simples tend à disparaître, et comme les armes à deux coups sont beaucoup plus commodes et pratiques, nous ne nous occuperons que de celles-ci; de plus, le chargement par la gueule étant trop long, nous limiterons encore nos observations aux armes se chargeant par la culasse.

Elles sont de deux sortes principales : les fusils à bascule et les fusils à canons tournants.

Les fusils à bascule sont généralement du type Lefaucheux. Le mécanisme consiste en un levier mobile fixé sous le canon, qui, en se déplaçant par un mouvement de droite à gauche, permet à celui-ci de basculer; on introduit la cartouche, on relève le canon et on place le levier par un mouvement inverse. Dans ce système, le canon et la crosse, au moment du chargement, cessent de se trouver dans le même axe, ce qui a pour résultat de déplacer le centre de gravité de l'arme; un effort devient nécessaire, après le chargement, pour ramener l'arme dans sa position normale, et, dans tous les cas, l'équilibre est forcément détruit, ce qui est un grand désavantage pour un chasseur. Conséquemment, nous éliminons les fusils à bascule pour les raisons énoncées.

Les fusils à canons tournants évitent cet inconvénient en restant toujours parallèles à eux-mêmes. Ils ne se cassent pas en deux, et l'horizontalité subsiste toujours. Voici par quel procédé :

Au moyen d'un ressort placé en avant de la sous-garde, et que l'un des doigts de la main gauche peut presser, la crosse tout entière vire en s'éloignant des canons sur un axe parallèle à ceux-ci, fait un quart de tour à gauche et découvre les tonnerres. Le chargement opéré, l'arme se referme d'elle-même à la suite d'une impulsion inverse donnée au ressort par la main droite.

L'arme est immédiatement prête à être épaulée et tirée; la main gauche n'a pas bougé et n'a servi qu'à maintenir le fusil en équilibre. Ce système, aussi simple qu'ingénieux, peut s'appliquer à toutes les armes à percussion.

Cette arme nous paraît donc réunir les deux principaux avantages réalisés jusqu'ici : rapidité de chargement et stabilité; aussi est-ce le type que nous recommanderons à nos amis. Les canons ne devront pas avoir plus de 0 ^{m} 80 de long.

La cartouche doit-elle être à broche ou à percussion centrale?

A ceci nous répondrons que la chose est de peu d'importance, et que si nous devions nous prononcer nous conseillerions les cartouches à percussion centrale comme présentant moins de danger. La broche peut être frappée par mégarde et déterminer le départ du coup, telle est la raison qui nous engage à préférer l'autre genre.

Donc, sans nous occuper autrement des mille variétés que le commerce met en circulation, nous engageons simplement nos lecteurs à choisir une arme à deux coups, à canons tournants et à percussion centrale.

Le calibre de cette arme sera moyen, afin de pouvoir l'utiliser d'une façon plus générale, le 16 est très satisfaisant; les canons et les batteries seront bronzés.

La portée d'une arme de chasse est chose éminemment variable, car jamais un coup ne ressemble à un autre, par suite

La chasse aux perdrix.

de la place que chaque grain de plomb occupe dans l'intérieur du canon. Pour se rendre compte des effets du tir, il faut étudier son arme et pour cela s'exercer sur une cible, comparer les coups et constater les courbes décrites par le plomb. Cette école ne saura qu'être utile à tout possesseur d'une arme neuve.

Le fusil doit toujours être dans un parfait état d'entretien.

Il n'est pas nécessaire de laver un fusil à bascule chaque fois qu'on revient de la chasse, eût-on tiré cent coups. Il suffit de passer plusieurs fois un tampon sec en laine; puis,

4, 5, 6 pour lièvres, lapins, canards, perdrix, de quinze à quarante-cinq pas;

7 et 8 pour perdreaux, râles, cailles, bécasses, sarcelles, poules d'eau;

9 et 10, bécassines;

11 et 12, tir aux alouettes, grives et petits oiseaux.

La balle, que les fusils de chasse portent d'ailleurs assez mal et qui offre certains dangers, ne doit être employée que pour le sanglier ou le cerf.

Le plomb devra être parfaitement sphérique et d'égale grosseur.

CHAPITRE V

LE GIBIER A POIL

Le gibier à poil; grosses et petites bêtes. — Leurs ruses; leurs mœurs. —
Le sanglier chassé à la fourchette. — Montmartre ravagé par un loup.
— La bête du Gévaudan; ses exploits et sa mort.

Le gibier à poil renferme des genres aussi variés que nombreux, depuis l'ours jusqu'à l'inoffensif lapin. Nous n'étu-
dierons cependant que les espèces auxquelles le chasseur
peut trouver, en France, à envoyer un coup de fusil, jugeant
qu'il serait inutile d'entrer dans des détails superflus sur la
faune des pays étrangers. Notre pays est, du reste, assez
riche encore en gibier pour qu'il ne soit point nécessaire de
sortir de ses frontières pour courir après des bêtes qu'il
vaut mieux laisser à leurs chasseurs naturels.

Voici donc une nomenclature des animaux de la catégorie
dite gibier à poil:

Le cerf.	L'ours.	Le putois.
Le daim.	Le loup.	La belette.
Le chevreuil.	Le renard.	L'écureuil.
Le bouquetin.	Le blaireau.	Le lièvre.
Le sanglier.	La fouine.	Le lapin.

Le cerf est trop connu pour qu'il soit nécessaire de décrire
une fois de plus la beauté de sa structure, la grâce de ses
formes, la splendeur de son bois; il est le plus bel hôte de
nos forêts.

C'est un ruminant qui se nourrit de jeunes pousses et de bourgeons, d'écorces d'arbres et de fruits. C'est principalement la nuit, grâce à son caractère peureux, qu'il se met en quête de sa nourriture, c'est-à-dire qu'il *viande*. Il commet ainsi de grands ravages qui font désirer sa destruction par les propriétaires forestiers.

Le cerf vit une vingtaine d'années, si aucun... accident ne vient interrompre le cours de sa destinée.

Au printemps, le cerf perd sa tête, c'est-à-dire qu'il jette ses vieilles ramures pour s'orner de nouvelles qui ne sont complètement formées qu'en juillet. Ces ramures ou bois, qui sont le plus bel ornement de cet animal, composent en même temps son unique défense.

Le bois indique l'âge du cerf.

D'une petite éminence appelée *meule,* sort un premier bois appelé *perche,* lequel donne naissance à des cors nommés *chevilles* ou *andouillers*. Les *surandouillers* se greffent sur ces derniers. Ensuite viennent les *chevillures,* et enfin les *épois* forment le sommet, qu'on appelle *couronne*.

L'ensemble de ce bois se divise en deux branches portant chacune plusieurs cors.

Le cerf n'est *dix-cors* qu'à sept ans.

Passé cet âge, il ne pousse plus que des bois irréguliers et comme noués; alors on dit de lui qu'il *ravale*.

Le cerf dix-cors est donc le *nec plus ultra* du genre: c'est la gloire des veneurs, car il est alors dans toute la plénitude de sa force et de sa beauté.

Le cerf vit en troupes ou *hardes* avec les biches, que l'on reconnaît aisément à ce qu'elles sont dépourvues de bois.

Les *faons* portent la *livrée* pendant les six mois qui suivent leur naissance, qui a lieu vers mai ou juin. La *livrée* est le nom que l'on donne à sa robe tant qu'elle est tachetée de brun et de blanc.

En octobre, le faon change de robe et devient un *hère;* c'est à ce moment que la tête du mâle se surmonte de quelques tubercules, qui à un an forment des *dagues,* d'où le nom de *daguet,* qu'il conserve jusqu'à deux ans. A trois ans, viennent les andouillers, c'est la *seconde tête;* à quatre ans, la *troisième tête,* et à cinq ans la *quatrième tête;* les bois ont alors huit andouillers.

Le cerf se chasse à courre.

Lorsqu'il est fatigué par la poursuite des chiens, le cerf se livre à une petite ruse qui ne réussit à tromper que des chasseurs inexpérimentés; voici en quoi elle consiste : l'animal fait lever un autre cerf ou une biche et les pousse devant lui pour tromper les chiens; puis il franchit un obstacle, embrouille ses voies par des allées et venues et se couche, espérant lancer la meute sur le nouveau venu.

Ce sont là de petits moyens qui ne lui réussissent que

Cerf.

rarement. Nous aurons cependant l'occasion d'en reparler lorsque nous chasserons à courre.

Le daim est devenu si rare, qu'on ne le trouve presque plus que dans les chasses réservées. Il tient le milieu, comme taille, entre le cerf et le chevreuil. Ses mœurs sont celles du cerf, avec lequel cependant il vit en mauvaise intelligence. A sept ans, il est réputé dix-cors.

Le chevreuil est un des gibiers les plus agréables à chasser. Il est vif, gracieux et souple comme un jeune chat; il est plus rusé que le cerf et, partant, plus difficile à prendre. Sa physionomie est agréable, et son œil semble comprendre; le museau, d'un beau noir, est toujours humide, comme celui d'un bon chien.

On trouve le chevreuil dans les forêts des environs de Paris, et en général dans tous les pays tempérés. Son pelage est brun ou roux, et, à la place où devrait se voir la queue, on remarque une sorte de disque blanc. Sa nourriture est à peu près la même que celle du cerf. Le mâle s'appelle *brocard*. Il vit non en hardes, mais en famille, avec sa chevrette et ses deux faons. Le dévouement de la mère pour ses petits est bien connu; si ceux-ci courent un danger, elle s'offre

Chevreuil.

aux chasseurs, se fait lancer et tuer dans l'espoir de détourner ainsi l'attention et de sauver sa progéniture.

Le chevreuil est casanier par goût; il quitte peu le bois qui l'a vu naître, et y revient mourir lorsqu'il se voit près d'être forcé. On le chasse à courre avec *meute à mort* ou à tir avec un ou deux chiens.

La chair de chevreuil est très estimée.

Le bouquetin est une variété du chamois; on le rencontre dans les Alpes.

Son agilité et son goût pour les hauteurs inaccessibles rendent sa chasse extrêmement difficile. Il faut être montagnard, gymnaste et fin tireur pour le surprendre; aussi n'attire-t-il pas beaucoup les amateurs. Les chasseurs du pays seuls ont quelque chance de réussite.

Les petits du bouquetin s'appellent *cabris*.

Le sanglier, contrairement à ce qui se passe pour le gibier en général, a augmenté en France depuis une quinzaine d'années. Les guerres et les invasions, ces formidables battues, pourraient bien être la cause de cette abondance. Toute la moitié de la France septentrionale en recèle.

Bouquetin.

Le sanglier, grand amateur d'eau, choisit volontiers pour résidence les forêts coupées de mares et d'étangs. Il est redoutable au chasseur et surtout aux chiens, qu'il *découd* à l'aide de ses *défenses*, qui ne sont autres que des canines extraordinairement développées. Le museau du sanglier est terminé par une partie osseuse nommée *boutoir*. Le sanglier de trois ans est dit *tiersan*; celui de quatre ans, *quaternier*; et, après cet âge, *solitaire*. Plus jeune, on le nomme *ragot*. La femelle n'a pas de défenses, on l'appelle *laie*; les jeunes sont des marcassins.

Le sanglier vit de vingt à trente ans.

Quelque dangereux que soit le sanglier, il ne faut pas croire qu'il soit aussi mauvais que sa réputation tendrait à l'insinuer. Il se défend courageusement, blesse, et tue même s'il le peut; mais il n'attaque jamais. Il fuit l'homme. Cependant quelques précautions sont nécessaires quand on le chasse. Il ne faut pas se tenir sur son chemin, car il se pourrait fort bien qu'une bousculade ou un coup de boutoir fît comprendre à l'importun l'inconvenance de sa conduite ; il est bon de s'effacer, et de le tirer à cinq ou six pas, à balle, en visant l'oreille ; s'il tombe, il est prudent de s'assurer qu'il est bien mort avant de le toucher.

Ce pachyderme dévaste les contrées qu'il habite ; il s'attaque à tout et mange indifféremment : glands, fruits, châtaignes, pommes de terre, œufs, semis, etc. Sa chasse est donc indiquée pour la protection des récoltes.

La meute dressée à la chasse du sanglier s'appelle un *vautrait*.

Les Espagnols, qui admirent et prisent beaucoup le courage, ont toujours été grands amateurs des courses ou des luttes où l'homme se mesure avec les animaux sauvages. Les courses de taureaux, dont ils se montrent si avides, ne sont par le fait qu'une sorte de chasse en champ clos.

Jadis ils agissaient avec les sangliers à peu près de la même façon qu'ils agissent encore avec les taureaux.

On enfermait un sanglier dans une enceinte de toile dont les fragiles murailles allaient se resserrant jusqu'à ce que l'animal fût amené dans un endroit découvert où pénétraient d'agiles chasseurs montés sur des coursiers dociles. Ces cavaliers étaient armés d'une sorte de lance, garnie, en guise de fer, d'une petite fourche n'ayant que deux dents contournées en dehors, de manière à ne pouvoir piquer.

Le cavalier allait au-devant du sanglier, lui saisissait le boutoir avec cette fourchette et s'efforçait de le maintenir cloué contre terre, jusqu'à ce que la hampe, faite en bois de sapin, fût brisée, ou bien que l'animal furieux se fût dégagé de son étreinte. Dans ce dernier cas, il importait au cavalier d'être leste et adroit, car son salut dépendait de sa vitesse ; l'homme et le cheval étaient menacés des défenses de l'animal. S'il réussissait à s'éloigner, un autre joûteur venait le remplacer, pour faire ensuite place à un troisième, jusqu'à ce que l'animal tombât épuisé de fatigue et de fureur.

Cette lutte présentait un égal danger pour le cavalier et pour son coursier. On a vu des sangliers éventrer le cheval

et blesser cruellement celui qui le montait du même coup
de ses défenses.

Dans ces courses, il fallait toujours tourner vers la main
gauche; car autrement le bras droit n'aurait pu agir librement contre le sanglier. Il fallait aussi s'affermir solidement
sur l'étrier gauche et relever en même temps la jambe droite
pour qu'elle ne fût pas à la portée de l'animal.

Le roi Philippe II eut, dans un de ces jeux, la botte et
l'étrivière coupés d'un coup de défense. L'empereur Maximi-
lien, son bisaïeul, alors qu'il n'était encore que roi des Ro-
mains, fut frappé au cou-de-pied par un sanglier et se res-
rentit toute sa vie des suites de cette blessure.

Ce sont là jeux cruels et barbares, que la civilisation a fait
disparaître, mais qu'il est intéressant de connaître.

L'ours ne se trouve plus guère que dans les Pyrénées;
cette espèce est petite, brune, et a les pieds noirs. Il n'attaque
l'homme que sous l'influence d'une faim excessive ou d'une
blessure; son étreinte est alors terrible. Sa nourriture ordinaire consiste en végétaux et en miel. L'ours, comme le
bouquetin des Alpes, habite des régions peu accessibles; les
montagnards, doués d'un bon pied, de courage et d'un coup
de fusil sûr, peuvent seuls se livrer à cette chasse; car ici,
d'une balle perdue, la vie dépend.

Ce ne sont point là jeux d'enfants, et nous croyons que les
émotions de la chasse à l'ours sont de trop haut goût pour
des débutants.

Plus grand et plus commun en France que l'ours, le loup
est l'ennemi du gibier. Ce carnassier n'est dangereux pour
l'homme que par un temps de neige et lorsqu'il est accom-
pagné d'une troupe de ses congénères.

Cependant il n'en a pas toujours été ainsi; car, à l'époque
des terribles guerres des Bourguignons et des Armagnacs,
les loups s'étaient tellement multipliés en France, qu'ils cons-
tituaient un véritable danger public.

Le *Journal d'un bourgeois de Paris,* sous les règnes de
Charles VI et de Charles VII, mentionne que ces animaux
dévorèrent quatorze personnes dans une semaine entre
Montmartre et la porte Saint-Antoine :

« En ce temps-là, dit la Chronique, espécialement tant comme le roi fut à Paris, les loups estoient si enragiés de manger chair d'hommes, de femmes et d'enfants, qu'en la semaine dernière de septembre (1437), estranglèrent et mangèrent quatorze personnes, que grands que petits, entre Montmartre et la porte Saint-Antoine, dans les vignes et marais. Et s'ils trouvaient un troupeau de bestes, ils assailloient le berger et laissoient les bestes. »

La guerre que l'on fit aux loups pendant les règnes suivants diminua successivement leur nombre. Mais sous Louis XV, en 1764, lorsqu'une épizootie eut fait périr plus de la moitié des meutes que l'on entretenait en France, les loups se multiplièrent si rapidement, que le pouvoir royal dut s'en émouvoir. C'est en ce moment que parut un loup resté célèbre sous le nom de la *bête du Gévaudan.*

Les paroisses du pays se réunirent en vain pour le poursuivre; il échappa à toutes leurs attaques. Louis XV envoya contre lui M. Denneval ; c'était un célèbre veneur normand, qui avait déjà tué plus de mille loups. Il échoua cependant dans cette entreprise. Enfin le roi fit partir contre cette terrible bête les meilleurs gardes de ses chasses, commandés par son porte-arquebuse, M. Antoine de Beauterne, et, lorsque la bête du Gévaudan tomba sous le plomb de cet adroit chasseur, elle n'avait pas dévoré moins de quatre-vingt-trois personnes ; elle en avait attaqué vingt-cinq ou trente autres, qui en furent quittes pour des blessures. Sa destruction avait coûté 23,000 livres. A la même époque, dans une autre partie de la France, Delisle de Moncel tua en une année cent vingt loups; l'ouvrage spécial qu'il écrivit sur la destruction de ces carnassiers a été publié par l'Imprimerie royale.

De nos jours, quoique moins abondant, le loup se trouve encore presque partout en France.

Audacieux, souple, fort et excellent coureur, il réussit presque toujours à échapper à ses ennemis. Quoique peureux, il détruit une grande quantité de faons, de lièvres, de lapins et de moutons. Il vit seul et commet ses dépradations la nuit. L'État encourage la destruction des loups par le moyen de primes. Une louve pleine rapporte 18 francs au chasseur ; une louve non pleine, 15 francs ; un loup, 12 francs ;

et un louveteau 6 francs. En outre, il existe des *louvetiers* nommés par les préfets. Cet ensemble de forces donne par an une moyenne de douze cents têtes de loups tués.

Les petits du loup s'appellent *louveteaux* jusqu'à dix mois; de dix mois à un an, *louvarts* et ensuite loups.

Le loup est d'une chasse difficile. Peu de chiens suivent la voie du loup. De plus, en raison de sa résistance à la

Le loup.

course, il faut des relais, et l'hallali est bien rare; si l'on se souvient qu'un loup peut parcourir plus de trente lieues en une nuit sans être fatigué, on ne s'en étonnera point.

On chasse le loup au fusil avec plus de succès qu'à courre. On se sert aussi, pour le capturer, de *traquenards* et de *trous*. Le traquenard se compose de pinces de fer, maintenues ouvertes par un ressort dissimulé sous l'appât. Lorsque le loup veut saisir l'appât, le ressort se détend, les pinces se resserrent et forment au cou du loup une cravate mortelle.

Le trou est une simple fosse recouverte de menues branches et de mousse; au fond, se trouve l'appât. Le loup, pour s'en approcher, s'engage sur les branchages, qui, cédant sous son poids, le précipitent au fond du trou, d'où il ne sort plus qu'avec une balle dans la tête.

En passant, nous recommanderons à ceux de nos lecteurs qui auraient l'intention d'établir des pièges à loup de ne jamais toucher l'appât avec la main; celle-ci doit être gantée, car l'odorat du loup est si fin, qu'il éventerait le fumet de l'homme et qu'il ne toucherait pas à la viande préparée à son

Le renard.

intention. Celle-ci doit être un peu passée, et de menus morceaux seront répandus aux alentours du piège afin d'y conduire l'animal. S'abstenir de fumer en construisant ou en plaçant son piège.

Le renard, dont l'esprit a été si souvent célébré par le bon La Fontaine, est le braconnier le plus redoutable; volailles et œufs, tout lui est bon.

Comme le lapin, il possède un domicile, un terrier, situé généralement près des fermes, qui lui servent de magasins généraux. Il les étudie, se pénètre de leurs tenants et aboutissants, et, une belle nuit, il se glisse dans la basse-cour, où, sans perdre de temps, il massacre tout. Il emporte son butin pièce par pièce et le cache soit dans son terrier, soit sous des buissons, où il sait revenir lorsque le besoin se fait sentir. Jamais il ne cachera deux proies au même endroit. Il fait donc le déménagement de sa chasse jusqu'à ce que l'aube paraisse ; alors il songe à sa sûreté personnelle et opère sa retraite. Voilà de la prudence qui confirme bien les dires du fabuliste !

Le blaireau.

Les poulaillers, pour une raison quelconque, viennent-ils à lui manquer, le renard se retourne vers un autre objectif, et lièvres, lapins, perdrix et faisans lui sont bons.

Il y a deux sortes de renards : le renard fauve et le charbonnier, qui est presque noir.

On le chasse quelquefois à courre ; pour cela, il faut commencer par boucher les terriers. Plus souvent, on le chasse au fusil, et avec des bassets à jambes torses. Lorsqu'il est débusqué, le renard fait généralement un tour et revient au point de départ ; c'est là qu'on doit l'attendre. Comme son odorat est très subtil, il faut se placer à bon vent et éviter de fumer.

Le renard mord cruellement la main aventureuse qui s'égare
à sa portée avant de l'avoir tué.

On détruit aussi les renards en enfumant les terriers. Le
traquenard, dont nous avons parlé pour le loup, sert également pour le renard.

Lorsqu'on veut le chasser à l'affût, il faut traîner un appât
depuis le terrier jusqu'aux environs de l'affût; mais, comme

La fouine.

le renard est très rusé, il faut agir avec beaucoup de précautions : ne pas toucher l'appât avec les mains, et se frotter
les semelles avec ce même appât; ne pas fumer, etc. Enfin
il faut être très patient.

La fourrure du renard est estimée.

Le blaireau est un animal nuisible, en ce sens qu'il s'attaque au gibier et détruit lièvres et lapins, avec lesquels il
vit dans les bois. Il passe toute la journée dans son terrier et n'en sort que la nuit; il rentre toujours par le
chemin qu'il a pris pour sortir. Pour le tuer, il suffit de
s'embusquer, une heure avant l'aube, non loin de son terrier et de l'attendre par la voie qu'on a pu relever, et qui

lui servira à rentrer comme elle lui a servi à sortir. On peut aussi l'enfumer. Sa chair n'est pas bonne, et sa fourrure est grossière.

Lorsqu'il est attaqué par les chiens, le blaireau se met sur le dos et se défend des griffes et des dents; il est bon d'intervenir avec un bâton, si on est ménager de la vie de ses chiens.

Le putois.

La fouine se tient sur la lisière des bois et vit au détriment des poulaillers et du gibier. Son pelage est brun, avec une tache blanche sous la gorge.

Le putois est commun dans nos contrées. Plus petit que la fouine, il vit de la même façon. Son pelage est noirâtre, fauve sur les flancs et jaunâtre sous le ventre. Le museau est blanc; la queue est longue.

La belette, quoique aussi nuisible que fouines et putois, est beaucoup plus petite. Elle se glisse dans les terriers, et, comme le furet, tue les lapins; la volaille lui est bonne aussi, de même que les rats et les mulots.

L'écureuil de France est roux sur le dos et blanc sous le ventre.

Il offre peu d'intérêt au point de vue de la chasse, qui se résume à un simple exercice de tir. Sa prestesse le rend difficile à tuer.

Il vit de jeunes pousses et d'œufs, qu'il dérobe dans les nids des petits oiseaux.

C'est donc un animal nuisible.

Sa chair est très fine et d'un bon goût.

Le lièvre, en butte à une guerre de tous les instants, ouverte ou sourde, finira certainement par disparaître, malgré son étonnante reproduction.

C'est bien lui le fond de la chasse en France; c'est bien lui le point de mire de tous les chasseurs, l'ambition du débutant, la joie du tireur ou du veneur. Cependant, si on ne le protège au moyen de lois véritablement efficaces, dans quelques années le lièvre aura vécu.

Ce timide animal, si remarquablement doué pour la course, jouit également d'une excellente oreille. Il n'en est pas de même de ses yeux, dont la disposition l'empêche de voir devant lui. Le lièvre se nourrit de jeunes pousses et de plantes. Le mâle s'appelle *bouquin,* la femelle *hase.* La durée de l'existence normale du lièvre est de six à huit ans.

A l'encontre du lapin, le lièvre ne se terre pas; il se gîte, c'est-à-dire qu'à l'aide de ses pattes il dispose un endroit entre deux mottes de terre, où il se cache à la vue. Le lièvre déteste la rosée ou la pluie. Il choisit si bien son gîte, que la couleur de son poil est presque semblable à celle de la terre, et qu'il est très difficile pour les yeux inexpérimentés de le découvrir.

Le lièvre se tient généralement sur le bord des pièces de terre, tandis que le levraut s'engage dans les sainfoins et les luzernes. Il affectionne aussi les pentes des sillons. Il existe une espèce de lièvre qui affectionne les marais et les lieux humides; mais, comme cette variété n'est pas comestible, on néglige de la chasser.

La voie du lièvre est légère, aussi les chiens doivent-ils avoir bon nez; c'est pour ce motif que, lorsqu'on possède une meute bien dressée au lièvre, il faut bien se garder de

la faire chasser sur d'autre gibier, afin de ne pas lui gâter
son nez.

Jadis on chassait le lièvre avec des lévriers; mais la loi
l'interdit actuellement. Cette sorte de chien forçait un lièvre à
vue en moins de dix minutes! Maintenant on chasse le lièvre
au chien d'arrêt ou au chien courant. Dans ce dernier cas, les
ruses auxquelles cet animal se livre sont infinies. Il revient

Lièvre et lapin de garenne.

sur ses pas, bondit à gauche et à droite; il franchit les ruisseaux, croise ses voies, lance un autre lièvre et prend sa
place; enfin il use de mille moyens pour mettre les chiens
en défaut, et comme son fumet est très léger, ceux-ci doivent
être soigneusement *appuyés*.

La conformation du lièvre le porte à rechercher les côtes
lorsqu'il est poursuivi, ses courtes jambes de devant étant
peu propices à une course sur un terrain descendant.

Le lièvre revient généralement au lancé, où les chasseurs
pourront l'attendre avec des chances de succès.

Un lièvre forcé est généralement abandonné aux chiens,

auxquels on réserve cette curée comme récompense. D'ailleurs, un lièvre qui a couru quatre ou cinq heures ferait un triste rôti.

Le lièvre suit volontiers les espaces découverts, et, s'il a de l'avance sur les chiens, il s'assied de temps en temps pour les écouter; c'est un bon moment pour le tirer, si on est à portée.

En principe, pour tuer des lièvres, il faut connaître à fond le bois où l'on chasse, savoir où sont les clairières et les carrefours, et avoir relevé les *coulées*. Dans ces conditions, le chasseur n'aura qu'à se placer à trente ou quarante pas du lieu où le lièvre a été débuché, et à l'attendre; il pourra aussi se porter sur la lisière du bois du côté où la voix des chiens annonce le retour. Si enfin on le tire au *déboulé*, il faut agir vite et redoubler presque toujours.

Un lièvre qui fuit droit devant le chasseur a de fortes chances d'échapper; il laissera de la bourre, mais ne tombera pas.

S'il se présente en travers, il convient de le viser en avant du poitrail pour atteindre le flanc. A trente-cinq pas, il devient nécessaire de viser à trente centimètres en avant de la bête; à cinquante, s'il y a cinquante pas.

Si le lièvre se dirige sur le fusil, tirer bas.

Lorsque le temps est à la pluie, le lièvre se trouve dans les carrières, les terrains rocailleux et couverts de ronces, en un mot dans les endroits à l'abri du vent et de la pluie.

Le lièvre se gîte le nez au vent; la hase fait le contraire.

Les lapins diffèrent essentiellement des lièvres à tous les points de vue. Leurs mœurs sont si différentes, que les contrées qui plaisent aux uns sont désertées par les autres, et *vice versa*.

Il faut au lapin un terrier; cette considération l'oblige à choisir un terrain friable où il puisse facilement creuser. Le lapin vit moins en plaine que le lièvre et se plaît dans les terrains peu couverts. Il ne fréquente son terrier qu'au moment du danger ou du mauvais temps. Mais alors de quelles ruses n'use-t-il pas pour en sortir comme pour y rentrer! Naturellement méfiant, le lapin, vivant en troupe, place des sentinelles chargées de veiller à la sécurité de tous.

Le lapin, comme le lièvre, vit de jeunes pousses et de végétaux.

La femelle, qu'on appelle *hase,* place ses petits dans un trou qu'elle a fait à leur intention et qu'on appelle *rabouillère.* L'entrée de ce trou est recouverte d'herbes sèches et de poils qu'elle s'arrache du ventre.

Le lapin se chasse comme le lièvre, à cette exception près qu'il faut avoir soin de boucher les terriers dans lesquels l'animal, fatigué, cherchera toujours à s'abriter. On peut donc attendre le lapin au terrier. Dans la même chasse, il n'est pas rare de voir le lapin jusqu'à quatre et cinq fois, tellement il tourne et retourne dans un petit espace. On peut le chasser avec deux bassets ou avec un chien couchant.

On le prend aussi au furet, nous avons dit comment.

Le lapin est une ressource dont tout propriétaire-chasseur devrait munir son bois; car, alors qu'on n'a rien trouvé après une journée de chasse, il est agréable de se pouvoir consoler en tirant quelques lapins. Ceux-ci sont tellement prolifiques, qu'on peut en tuer beaucoup sans craindre de les épuiser; en effet, avec trois mâles et une dizaine de femelles, un bois au bout d'un an est peuplé de plus de deux cents têtes; or, si on veut calculer la progression, on verra que, loin d'avoir à les ménager, il faudra bientôt les exterminer. L'Australie, qui est actuellement la proie des lapins, demande à cor et à cris un remède pour arrêter cet envahissement; il y a même une prime énorme promise à l'heureux inventeur du meilleur système. Malgré tout, les lapins augmentent, se multiplient, envahissent et mangent tout. Ceci donnera peut-être à réfléchir au propriétaire désireux de se créer une garenne; qu'il se tranquillise cependant, les braconniers et les amis lui éviteront un semblable sort.

CHAPITRE VI

LE GIBIER A PLUME

Le gibier à plume. — Oiseaux de passage, de marais et de proie. — Paye
tes dettes. — Curieuse propriété du martin-pêcheur. — Les cornets à
corneilles.

Le gibier à plume est d'un tir plus difficile que le gibier
à poil ; aussi tel chasseur qui tuera en forêt fera piètre chasse
en plaine, tandis que le contraire est plus rare. Le gibier
à plume se tirant de plus loin que celui à quatre pattes, il
faut plus de coup d'œil et de précision. Ici, plus de coup de
fusil au jugé ; viser vite et juste est nécessaire. L'oiseau n'agit
pas comme le lièvre ou le lapin ; il ne revient pas au gîte
par un chemin, pour ainsi dire, connu d'avance ; son domaine
est étendu, c'est l'immensité. De plus, l'oiseau jouit d'une
vue perçante ; il distingue à de grandes distances le grain qui
va devenir sa proie, et par conséquent voit-il le plus souvent le chasseur avant même que celui-ci ne l'ait découvert.
La rapidité du vol, la difficulté de l'évaluation des distances
aériennes, augmentent encore les mauvaises chances du
tireur.

Les membres de la grande famille du gibier à plume sont
plus nombreux que leurs congénères à poil. On chasse com-
munément :

Le faisan.	L'outarde.	La bartavelle.
Le coq de bruyère.	La perdrix grise.	La caille.
La gelinotte.	La perdrix rouge.	Le râle de genêts.

La bécasse.   Le vanneau.   Le merle.
La tourterelle.   Le râle d'eau.   L'étourneau.
Le héron.   La poule d'eau.   Le loriot.
La grue.   Le plongeon.   Le pivert.
Le canard.   Le courlis.   Le geai.
La sarcelle.   Le martin-pêcheur.   Le corbeau.
La bécassine.   L'alouette.   Les oiseaux de proie.
Le pluvier.   La grive.

Le faisan, par le plumage, est le roi des oiseaux. Originaire du Phase, comme son nom l'indique, il s'est acclimaté en

Faisan argenté.

France et fait l'ornement de nos chasses. C'est un coup de fusil envié et recherché, d'abord parce que c'est un mets délicat, ensuite parce que dans un carnier un faisan a fort belle tournure, et qu'il donne à son heureux vainqueur une partie de son éclat. Son plumage est trop connu pour qu'il soit utile de le décrire ici; tout le monde a vu des faisans, et personne, en chasse, ne les prendra pour des moineaux: donc passons.

Le faisan est commun dans la Seine-et-Oise, la Seine-et-Marne et l'Oise. Les autres départements en possèdent aussi, mais dans des chasses particulières, où on ne les tue qu'au fur et à mesure de la reproduction.

Le jour, le faisan fréquente les taillis; la nuit, il se branche.

Il aime les lieux frais et boisés. Le matin il va au gagnage dans la plaine, puis il rentre au bois et ne ressort que pour dîner, vers cinq heures; puis il se couche, c'est-à-dire qu'il prend position sur une branche d'arbre assez élevée, une vingtaine de mètres environ.

Sa nourriture consiste en graines et en baies, en insectes et en escargots.

Le faisan est très sauvage et fuit même les autres oiseaux. La femelle fait son nid dans un buisson ou même dans un trou en terre garni d'herbes; les œufs sont tachetés, leur grosseur est inférieure à celle des œufs de poule.

Les faisandeaux ne doivent pas être tués avant le mois d'octobre, époque à laquelle ils ont atteint leur complet développement.

On chasse le faisan au chien d'arrêt ou en battue. Il fuit souvent devant le chien; mais le plus souvent il s'élève perpendiculairement, puis file horizontalement. C'est à ce moment qu'il faut le tirer. Ici se place un conseil dont l'expérience démontrera la justesse : méfiez-vous, jeune chasseur, de la longue queue du faisan, et ne vous laissez pas tromper par elle; visez l'oiseau en plein corps ou même un peu en avant, car autrement vous lui arracheriez ses plumes sans lui faire d'autre mal. Si votre chien, après avoir quêté, paraît désorienté, assurez-vous que le faisan n'est pas tranquillement perché sur quelque baliveau, d'où il met votre chien en défaut.

Le coq de bruyère ne se trouve plus guère que dans quelques contrées privilégiées de la France : les Pyrénées, le Jura, les Alpes et les Vosges, et encore y est-il assez rare pour qu'en tuer un soit considéré comme un événement.

C'est un oiseau de très grande taille et de fort poids; son plumage noir-vert est très joli; la poitrine est semée de taches blanches, les jambes sont entièrement couvertes de plumes.

Le coq de bruyère vit sur les hauteurs; il se nourrit de feuilles, de bourgeons, de baies et d'insectes.

Il fréquente uniquement les bois et les bruyères.

On chasse le coq de bruyère au chien d'arrêt; les jeunes se laissent quelquefois prendre, mais les vieux sont d'une chasse très difficile.

La gélinote fréquente les mêmes régions que le coq de bruyère; elle est d'une taille entre le perdreau et le faisan; son plumage est roux et noir; le mâle est reconnaissable à son œil, dont le pourtour est d'un beau rouge.

Elle fait son nid à terre, quoiqu'elle se tienne toujours au sommet des arbres les plus élevés.

L'outarde.

L'outarde est un oiseau de passage; au printemps et en automne il traverse nos climats, principalement la moitié la plus septentrionale de la France. L'outarde est d'un vol lourd, mais elle est rapide à la course. Son plumage est jaune, traversé de raies noires. C'est un gibier fort rare, et qui ne se laisse pas approcher; il affectionne les chevaux et les bestiaux, et campe dans les plaines découvertes.

Voici venir la perdrix, le plus commun de nos gibiers, quoiqu'il soit loin d'être le moins savoureux.

Celui-là, c'est notre pièce de résistance à nous autres chasseurs; c'est contre lui que se lèvent tous les ans des milliers de fusils, qui tous heureusement ne lui font pas mal. Cependant le massacre en est grand, et la perdrix devient rare.

C'est une bien jolie chasse que celle de la perdrix pour un

La perdrix.

chasseur de sang-froid aidé de deux bons chiens; mais aussi il faut être calme, mesuré et bon tireur. Le bruit des ailes de la perdrix qui prend son vol bouleverse et surprend tellement les chasseurs novices, qu'on en a vu qui restaient bouche bée à les regarder au lieu de les coucher en joue et... à terre.

La perdrix comprend trois espèces principales : la perdrix grise, la rouge et la bartavelle.

La perdrix grise est la plus recherchée des gourmets et des chasseurs; elle habite les cultures. Elle pond à terre dans un creux quelconque, au milieu des blés ou des prairies. A la fin de juin, les petits prennent leur volée; ils sont alors dits *pouillard*. La perdrix ne se branche pas. Elle déteste la rosée ; aussi faut-il la chercher dans les chaumes, le matin, et seulement plus tard dans les prés dont le soleil a séché l'humidité. Elle a l'ouïe très fine, ce qui indique de marcher contre le vent.

Lorsque le chien fait lever une perdrix, elle fuit toujours à pied, et on peut dire que son pied est léger.

La perdrix est souvent par compagnie; lorsqu'elle est chassée, elle vole de *remise* en *remise,* où il faut la suivre. Il faut toujours en viser une et ne jamais tirer dans le tas, ce qui est le meilleur moyen de les manquer toutes.

On chassera la perdrix avec deux chiens d'arrêt, que l'on maintiendra toujours près de soi.

La perdrix rouge est plus grosse que la grise; elle a la gorge blanchâtre et entourée d'un collier noir; la poitrine est bleuâtre, le flanc rayé de noir, le bec et les pattes rouges et le reste du corps roux ou marron. Elle est commune dans le Midi, où on la trouve dans les bruyères. Ses mœurs diffèrent de celles de la perdrix grise; elle fait son nid dans la bruyère et se nourrit d'insectes. Le matin elle va au gagnage, et l'après-midi elle court dans les vignes, où elle trouve à satisfaire son goût pour le raisin.

On la chasse au chien d'arrêt.

Une compagnie, en présence du danger, se sépare, et chaque individu fuit à tire-d'aile dans une direction différente.

La bartavelle ressemble à la perdrix rouge, mais elle est beaucoup plus grosse; elle habite le Midi et les bords de la Haute-Loire.

Très sauvage, elle fréquente principalement les bois, ne descendant en plaine qu'en hiver et au moment de la ponte; ses habitudes la rendent difficile à chasser.

Le chien d'arrêt est indiqué avec les mêmes précautions que ci-dessus.

La caille est un oiseau de passage, qui arrive dans le sud de la France vers le mois de mai; de là il se répand et remonte dans les terres, où il fait sa ponte.

Le cri de la caille est *péttédett'*. Cette consonnance rappelant les trois mots *paye tes dettes,* un perruquier d'une petite ville du Midi s'était procuré un de ces oiseaux et l'avait

mis en cage dans un coin de sa boutique; il avait pour mis-
sion de rappeler à l'ordre, par son cri, les clients qui avaient
la mauvaise habitude d'oublier de payer ou de demander un
trop long crédit.

Les premiers jours tout alla bien, les débiteurs rirent et
s'exécutèrent; le perruquier était aux·anges, seulement l'oiseau manquait de discernement, et il arrivait souvent qu'il

La caille.

adressait ses remontrances à de fort bons clients qui ne de-
vaient pas un centime. Ceux-ci prirent mal la chose, et, loin
de goûter la plaisanterie, ils se montrèrent furieux d'être
confondus avec les mauvais payeurs; ils firent d'abord d'amers
reproches au malheureux coiffeur; puis un beau jour, à bout
de patience, ils ne revinrent plus et allèrent grossir la clientèle de la boutique rivale. Le coiffeur, désolé, se vengea sur
la pauvre caille, qu'il étrangla et mit en salmis. Dès lors
les mauvais payeurs revinrent en masse, et la ruine du coiffeur inventif fut complète.

Cet honnête oiseau perdit son maître par son manque de
discernement, qui causa par suite sa propre mort.

La caille se chasse comme la perdrix; son vol est bas et court. Comme elle est grasse au moment où il est permis de la chasser, elle ne peut tenir longtemps sans se reposer, et on a de grandes chances de la tuer une fois qu'on l'a levée. Elle file toujours en droite ligne et à hauteur d'homme, et part généralement sous vos pieds; aussi est-il bon de lui laisser prendre un peu de champ avant de tirer, si on ne

Le râle.

veut pas que la charge, faisant balle, n'en laisse que les plumes.

Le râle de genêts, ou roi des cailles, a un plumage brun roux à reflets brillants, traversé de raies noires sur le dos. Il est un peu plus gros que la caille. Il immigre en même temps qu'elle, et on le rencontre dans presque toutes les cultures. Il vit par couple.

Il ruse avec le chien et croise ses voies, car il piète beaucoup. Lorsqu'il s'élève, il a les pattes pendantes et est facile à tuer; mais aussi il ne daigne pas toujours se lever, et alors il arrive souvent qu'à force de ruses il lasse chasseur et chien.

Le râle qui prend son vol fait une pointe; c'est immédiatement après, lorsqu'il commence à filer, qu'il faut le tirer.

La bécasse est un fin morceau. C'est aussi un oiseau de passage. Elle est grise, tachetée de noir et de jaune, et possède un long bec noir, auquel elle doit son nom. On la trouve

La bécasse.

dans tout le Midi, en été, et dans les régions du Nord à partir d'octobre.

La bécasse, par tempérament, affectionne les terrains boisés et humides, dans lesquels son bec peut facilement fouiller et trouver les vers qui constituent sa principale nourriture. Elle fréquente les haies et les taillis voisins des ruisseaux. Au coucher du soleil elle se rend au marécage, et au point du jour elle va au ruisseau, pour se rafraîchir avant de rentrer au buisson.

Elle se chasse au chien d'arrêt; toutefois c'est une prise difficile, car il est impossible de dire où se trouve son passage; c'est donc plutôt la chance et le hasard qui la font rencontrer. Elle n'est pas facile à tirer; car, aussitôt levée, elle part dans les gaulis et se dissimule de son mieux. Son vol est bruyant et lourd, accidenté de crochets et coupé de nombreuses remises. Il faut la chasser de préférence au déclin de la lune.

La tourterelle se montre du mois de mai au mois d'octobre. Elle fait son nid dans les taillis et dans les pommiers; elle est d'un abord facile et se tue assez facilement.

Le héron..

Le héron se tient dans les marais qui avoisinent la mer, et en général dans tous les endroits humides. Son plumage est gris tendre mêlé de jaune et de noir; son bec est long, ainsi que son cou. Une aigrette surmonte sa tête.

Il est très peureux et découvre le chasseur de fort loin.

Blessé, il faut se méfier de son bec, qui causerait au chien et au chasseur des blessures sérieuses.

On le chasse à l'affût ou avec un chien allant à l'eau.

La grue traverse la France deux fois par an, au printemps et à l'automne; elle voyage en troupe et commet des ravages importants partout où elle passe, mangeant les grains et les semences. Elle annonce par son cri le vent et la pluie.

Il est très rare d'en rencontrer, et ce n'est qu'un coup de fusil de hasard.

Le canard est la chasse d'hiver par excellence; elle est captivante, mais elle prépare au médecin une bonne clientèle et à ses adeptes des souvenirs cuisants, sous forme de rhumatismes.

Le canard procède par passages, depuis octobre jusqu'en mars, et, quelque soit le temps, qu'il gèle, qu'il vente, qu'il neige, il y a toujours des chasseurs qui guettent son arrivée. Celui-ci, d'un naturel méfiant, est difficile à approcher; aussi faut-il beaucoup de précautions pour le surprendre et le tirer.

On le chasse avec un épagneul bien dressé, qui sait obéir sur un signe et fouiller les roseaux.

On peut aussi le chercher avec un bateau; ici encore il faut être silencieux.

Par le grand froid, le canard recherche les eaux tièdes; le vent le fait blottir dans les creux des berges; au moment du dégel on en trouve partout.

On emploie aussi des lanternes pour l'attirer; on appelle cette chasse chasse au réverbère. Nous en donnons plus loin une description.

L'affût dans un bon gabion donne aussi d'excellents résultats.

Le canard comptant plus de quarante variétés, nous n'entrerons pas dans le détail d'une si longue nomenclature, que l'on trouvera, complète, dans un traité quelconque d'ornithologie.

La sarcelle ressemble beaucoup au canard, et nous arrive du Nord, comme lui, vers le mois d'octobre, pour repartir aux premiers froids et ne reparaître qu'en février. Elles sont de deux sortes : la sarcelle d'hiver et celle d'été.

La sarcelle d'hiver est noire et grise avec une ligne blanche sur le côté de la tête; les ailes sont cendrées.

La sarcelle d'été a la tête rousse, traversée d'une bande verte avec bordure blanche; la poitrine est blanche et brune, et les ailes vertes et miroitantes.

On la chasse au chien d'arrêt et à la hutte. Lorsqu'il

gèle, on la trouve près des rivières et des sources d'eaux chaudes.

Sa chair est estimée et est considérée comme aliment maigre.

La bécassine est un oiseau de marais, orné d'un long bec. Elle est de couleur grise, coupée de noir et de blanc. Elle est commune dans le Nord et dans l'Ouest, où elle se montre

La sarcelle.

tant que la saison est clémente; aux premiers froids elle gagne vers le Midi, et, en été, elle remonte dans le Nord. Elle voyage par bandes et ne s'isole jamais.

Cet oiseau aime le voisinage des bestiaux, et cherche sa nourriture jusque dans la bouse des vaches. Il se laisse approcher de près et fait, au départ, un crochet ou deux, après lesquels il file droit.

On peut donc le tirer soit dès qu'il s'élève, soit après le crochet; de toutes façons il est difficile à tuer. Il arrive fréquemment que la bécassine que l'on a manquée revient se poser à l'endroit exact d'où on l'a fait lever.

Les pluviers annoncent la pluie. Ils arrivent en automne et

émigrent vers le Sud aux premiers froids; ils sont toujours
en bandes, qui comptent de quarante à quatre ou cinq cents
individus. Ils fréquentent les bords de la mer et les marais, et
sont assez méfiants.

Le meilleur moyen de les tuer est de laisser son chien
chez soi, d'attendre le passage et de tâcher d'en abattre un,
qu'on se gardera bien de ramasser; les autres viendront le

Le pluvier.

voir et voleter autour de lui, s'offrant ainsi aux coups du
chasseur. On le chasse aussi aux lanternes.

> Qui n'a jamais mangé de vanneau
> Ne connaît pas les bons morceaux,

dit un vieux proverbe. Le vanneau porte une huppe; le dessus de son corps est bronzé, tandis que son ventre est d'un
blanc immaculé. Lui aussi est un oiseau de passage qui nous
arrive au printemps et se répand un peu partout. Ses œufs
sont, comme sa chair, très estimés.

Le vanneau est méfiant et curieux. Il faut user de ruse
pour l'approcher; néanmoins on peut exciter sa curiosité

naturelle et la mettre à profit en mettant à sa portée un objet nouveau pour lui, tel qu'un mouchoir blanc, une glace ou tout autre ustensile.

Le râle d'eau, est-il besoin de le dire, est aussi un habitant des marais; les joncs lui servent de cachette, de grenier

Le vanneau.

et de nid. Il vole mal, mais en revanche il court très bien. C'est un gibier peu recherché.

La poule d'eau est de couleur brune, plus claire sous le ventre; elle porte sur la tête une protubérance rouge ou jaune, suivant son âge. Elle se nourrit de plantes aquatiques et d'insectes. Elle est difficile à chasser, et un bon chien allant bien à l'eau est nécessaire, car elle plonge et se cache sous les feuilles ou sous les joncs et les roseaux.

Le plongeon est plus souvent au-dessous de la surface de l'eau qu'au-dessus. Il est commun dans nos rivières, où il pêche le poisson qui constitue sa principale nourriture. Il a le vol pénible et gagne l'eau dès qu'il sent le danger. Ses continuelles immersions le rendent difficile à tirer, et ce n'est pas une grande perte, car sa chair n'a rien de bien savoureux.

Les courlis, qui, par nature, sont des oiseaux de mer, se trouvent aussi dans l'intérieur des terres, aux abords des

La poule d'eau.

grands marais et des rivières. Il y en a deux espèces : la petite et la grande.

La première voyage par bandes; il y en a sur les bords de la Loire, et il abonde le long des plages; il est à peu près de la taille d'un perdreau.

La seconde espèce, double de taille, a des ailes mesurant un mètre d'envergure, vole haut et crie pour annoncer le mauvais temps.

La chair n'a rien de remarquable.

On l'approche assez facilement moyennant quelques précautions.

Le martin-pêcheur, bien qu'il soit loin d'être comestible,

n'en attire pas moins le fusil du chasseur. La richesse de son
plumage est une raison suffisante pour excuser le meurtre de
cet oiseau, que l'on rencontre assez fréquemment le long des
rivières.

Il est difficile à tirer, car il part de loin et est très vif dans
ses mouvements; c'est un bon exercice de tir pour les débutants.

Le martin-pêcheur.

Charles Diguet affirme que le martin-pêcheur a la propriété
unique de se conserver.

« Lorsque vous aurez tué un martin sans l'avoir abîmé,
dit-il, passez-lui un fil dans le gras du bec et suspendez-le
à un clou, de manière qu'il puisse tourner à son aise sans
toucher à la muraille; en dessous, placez une assiette ou une
feuille de papier. Au bout de dix ou douze jours l'oiseau
commencera à se vider de lui-même et vous trouverez votre
récipient rempli de vers blancs. Au bout de quatre à cinq
jours ce sera terminé, et il vous restera la carcasse couverte
de plumes, dans sa forme de nature morte. Les plumes ne
tomberont point; j'en ai conservé un huit ans, ses couleurs
n'étaient point altérées au bout de ce laps de temps, et pas
une plume n'était tombée. »

Nous admettons le procédé, sans garantir toutefois à nos lecteurs que leur nez ne sera pas blessé s'ils tentent de l'appliquer.

L'alouette est un oiseau très commun, et en même temps très recherché. Sa chair est fine, et une brochette de *mauviettes* (nom donné à l'alouette morte) est loin d'être un mets

La grive.

à dédaigner. Elle se nourrit d'insectes nuisibles, et nous rend ainsi un grand service, que nous reconnaissons avec du plomb.

On la chasse surtout aux miroirs, de la façon que nous indiquons dans un autre chapitre.

La grive arrive en octobre, et on en trouve tout l'hiver, et même toute l'année. Très friande de raisins, elle est grasse aux vendanges, et c'est alors que son vol alourdi permet de la tuer le plus facilement.

Dans le Midi, on chasse la grive au poste. A cet effet on construit, au pied de baliveaux élevés, une hutte où le chasseur s'enferme. Des grives domestiquées attirent les autres par leurs cris, et le chasseur les tire lorsqu'elles se branchent au-dessus de sa tête. D'aucuns, n'ayant point de grives en cage, se servent d'un appeau ou petite poche en cuir percée d'un trou aboutissant à une sorte de sifflet. En pressant la poche, on produit un cri qui imite assez bien celui de la grive. Mais ce sont là moyens prohibés.

L'étourneau est un gibier d'occasion que l'on rencontre en grandes troupes. Un coup de fusil tiré d'un peu loin peut alors en tuer plusieurs.

Il se trouve près des marais et à proximité des pâturages. Son plumage est noir avec de petits points blancs. Sa chair, peu savoureuse, est amère; on peut cependant manger l'étourneau en brochette, si on a eu soin de le faire bien saigner.

Il aime tellement les bestiaux, qu'il pousse la familiarité jusqu'à se percher sur les moutons, et qu'il n'est pas rare de voir une douzaine de ces oiseaux sur le dos d'un mouton.

Le loriot est jaune; sa queue et ses ailes sont noires. Il vit d'insectes et de chenilles; mais il aime trop les cerises, ce qui lui fait un ennemi des cultivateurs. Il est très méfiant et difficile à approcher.

Le pivert a la tête rouge et le corps vert. C'est un grimpeur émérite, qui frappe avec son bec l'écorce des arbres dont il retire les larves et les insectes; il a un cri sonore et désagréable qui trahit de loin sa présence. Cependant on ne peut guère l'approcher. Sa chair est coriace et mauvaise.

Le geai est un hôte assidu de nos bois. Son cri agaçant le désigne clairement, et point n'est besoin de faire son portrait. Il est, lui aussi, méfiant par caractère, et se tient à l'écart, surtout s'il s'aperçoit qu'on cherche à l'approcher. C'est un gibier sans valeur, dont les cuisinières font peu de cas.

Le corbeau véritable est assez rare; on ne le trouve guère que dans les pays de montagne; c'est un oiseau de forte taille, qui s'attaque au gibier. Il est très défiant et ne laisse guère approcher; de plus, il a la vie très dure.

Les corneilles, que la plupart des gens prennent pour des

corbeaux, sont beaucoup plus communes; il y en a partout, même dans nos jardins publics, où on est obligé de détruire leurs nids chaque année. Comme les corbeaux, elles sont complètement noires et possèdent un bec droit et fort; leur taille est bien inférieure à celle du corbeau.

Elles détruisent les insectes, les œufs du gibier, et, à l'occasion, les levrauts et les lapins.

Dans le pays de Caux, on se sert pour les prendre de cornets enduits de glu, au fond desquels on met un morceau de viande en guise d'appât. La corneille introduit sa tête dans le piège; la glu colle à ses plumes, et, aveuglée, elle essaye de voler et de fuir, pour tomber bientôt épuisée et mourante. On l'achève, et le tour est joué.

C'est un animal nuisible, qu'à ce titre on doit détruire. Sa chair n'est pas mangeable.

Les oiseaux de proie, aigle, vautour, milan, buse, épervier, faucon, etc., sont les ennemis nés du chasseur. Ce sont de grands destructeurs de gibier, auxquels on fera toujours bien d'envoyer un coup de fusil à l'occasion. Les plus petits ne sont pas les moins terribles; aussi ne devra-t-on pas les ménager plus que les grands. On aura, outre la satisfaction d'avoir tué un maraudeur, une jolie dépouille qu'un empailleur préparera à peu de frais.

Tels sont les oiseaux qui peuvent se présenter en France sous le fusil, et auxquels on ne refuse pas de brûler une cartouche. Il en est des quantités, d'espèces plus petites, que nous n'avons pas nommées ici, parce qu'il est puéril de les tirer: tels le moineau, le rossignol, la fauvette, le chardonneret, le rouge-gorge, le verdier, le bouvreuil, etc., qui doivent être respectés à plus d'un titre. D'abord ce sont les chanteurs que la nature a semés dans le bocage pour charmer nos oreilles, ensuite ils sont les auxiliaires de l'homme, qu'ils débarrassent d'un grand nombre de mouches, larves, insectes, etc. Il en est de même de l'hirondelle, qui jouit partout d'une sécurité inviolée. Il reste assez de proies pour le chasseur habile, sans qu'il soit obligé de se livrer à des actes d'inutile barbarie sous le prétexte de se faire la main. Nous blâmons les braconniers, ne les imitons pas à un autre point de vue.

CHAPITRE VII

DE PLUSIEURS CHASSES SPÉCIALES

La chasse au lion. — Les chiens de prairie. — La chasse au furet. — Une chasse à l'agouti dans la Guyane. — Le renard ramoneur. — Chasse à l'affût; aux miroirs; aux lanternes. — La chasse à titre.

La chasse au lion.

J'avais passé plus d'une nuit à la belle étoile, dit Gérard, sans résultat aucun, lorsque le 13 au matin, après une forte pluie qui avait duré jusqu'à minuit, des indigènes qui avaient fait le bois vinrent me dire que le lion était rembûché à une demi-lieue de ma tente.

Je partis à trois heures, emmenant avec moi trois Arabes, l'un pour garder mon cheval, l'autre pour tenir mes armes, et le troisième porteur d'une chèvre, qui certes ne se doutait guère de l'importance du rôle qu'elle allait jouer dans cette expédition.

Ayant mis pied à terre sur la lisière du bois, je me portai vers une clairière située au milieu du repaire, où je trouvai un arbrisseau pour attacher la chèvre, et quelques herbes pour m'asseoir.

Les Arabes allèrent se blottir à cent pas sous bois.

Il y avait environ un quart d'heure que j'étais là, et la chèvre criait de toutes ses forces, lorsqu'une compagnie de perdreaux rouges s'envola derrière moi, poussant le cri qui leur est habituel lorsqu'ils sont surpris.

J'eus beau regarder de tous côtés, je n'aperçus rien.

Cependant la chèvre s'était tue, et ses yeux inquiets étaient fixés sur les miens; elle fit un effort pour briser le lien qui la retenait, puis se mit à trembler de tous ses membres.

A ce symptôme de frayeur, je me retournai de nouveau, et j'aperçus alors derrière moi, à quinze pas environ, le lion couché au pied d'un genévrier, à travers les branches duquel il nous examinait en grimaçant.

Dans ma position, il m'était impossible de tirer sans faire volte-face.

J'essayai d'épauler à gauche, et me trouvai maladroit. Je me retournai doucement sans me lever.

Lorsque j'eus pris une bonne position, et au moment où je l'ajustais, le lion se leva, et se mit à me montrer toutes ses dents en secouant la tête d'un air qui voulait dire : « Que diable fais-tu là ? »

Je n'hésitai pas un instant, et tirai dans la gueule. L'animal tomba sur place sans faire un pas.

Mes hommes accoururent au coup de feu, et comme ils étaient impatients de toucher le lion, je lui envoyai un second coup entre les deux yeux, afin de le rendre tout à fait immobile.

La première balle, entrée par la gueule, avait suivi l'épine dorsale dans toute sa longueur à travers la moelle, et elle était sortie près de la queue.

Je n'ai encore pu obtenir une pénétration aussi grande, et cependant je n'avais chargé qu'à soixante grains. Il est vrai que c'était la carabine Devisme, et les fameuses balles cylindro-coniques à pointes d'acier.

Ce lion, qui était noir et l'un des plus vieux que j'aie tués, a fait bouillir les marmites de quatre compagnies d'infanterie et de deux escadrons de cavalerie qui se trouvaient à Krenchéla.

Une chasse aux chiens de prairie.

« Voici la patrie des chiens de prairie, » me dit à voix basse le chef des Sioux, un grand gaillard aux habitudes silencieuses et froides, nommé *Antelope Shirt*.

Un instant après, le chef de notre détachement, chasseur passionné, tireur de premier ordre, mes camarades et moi-même, nous étions tous en contemplation devant une vaste étendue de terrain, où nous voyions surgir, pour disparaître bientôt dans le sol, des petits êtres inconnus de nous tous.

Notre chef fut le premier à tirer; il avait visé un chien qui, à quinze mètres, assis sur son derrière, le contemplait effrontément. Au coup de feu, l'animal avait disparu comme par enchantement ainsi que tous ses voisins.

« Bravo, bravo! » criâmes-nous en chœur.

Nous pensions qu'il avait tout tué, et nous nous précipitâmes pour ramasser les victimes.

Nous en fûmes pour nos |frais; en arrivant sur les lieux, nous ne trouvâmes que l'ouverture des terriers au fond desquels les animaux avaient disparu; mais d'animaux... point!

Notre chef n'en croyait point ses yeux.

« C'est incroyable, répétait-il, je suis pourtant sûr de l'avoir touché. Enfin c'est à recommencer. »

Et il recommença à deux ou trois reprises sans plus de succès, et pourtant c'était un merveilleux tireur. Toujours des trous ouverts, souvent du poil, quelquefois un peu de sang, c'est tout ce que nous trouvions. C'était à n'y rien comprendre.

Les Indiens Sioux souriaient d'un air narquois.

« L'homme blanc ne peut pas tuer les *wish-tou-wish*, dit alors Antelope Shirt.

— Cependant j'ai touché, j'ai bien touché, grommelait le malheureux tireur.

— L'homme blanc vise à terre! dit froidement Antelope Shirt.

— A terre! moi viser à terre! je vise toujours à la tête. »

Antelope Shirt, avisant un petit garçon d'une dizaine d'années qui se tenait à l'écart, mais dont les yeux brillaient, le conduisit auprès de notre groupe :

« Si vous voulez, maître, l'enfant va vous apprendre comment les Indiens tuent les *wish-tóu-wish.* »

L'enfant prit un arc immense, un de ces arcs de Dacotah dont la taille semblait en énorme disproportion avec son apparence un peu frêle. Il s'écarta un peu vers la plaine, s'affaissa tout à coup, et se mit à ramper dans la direction d'un terrier

Chiens de prairie.

devant lequel se tenait assis un joli chien d'une taille respectable.

L'enfant, avec l'adresse qui caractérise la race indienne, réussit à s'approcher assez près sans attirer l'attention du chien.

Tout à coup un sifflement traversa l'air, et le pauvre animal, transpercé, fit deux tours sur lui-même et roula dans la poussière, faisant de vains efforts pour rentrer dans son terrier, dont la flèche qui lui traversait le corps lui interdisait l'accès.

Les applaudissements éclatèrent, et nous comprimes qu'en bien des circonstances les hommes de la nature pouvaient en remontrer aux hommes dits civilisés.

La chasse au furet.

Dans l'ancienne vénerie, le lapin n'était pas considéré comme digne d'être chassé; il était cependant protégé, à l'égal des autres gibiers, par les lois féodales. Le lapin vivait donc en paix, lorsque, en 1676, un arrêt fut rendu qui enjoignait aux officiers de chasse de faire détruire ceux qui se terraient dans les chasses royales, accordant en outre une indemnité aux propriétaires des terres limitrophes.

Maintenant le lapin se chasse autant que le lièvre et la perdrix, et, comme il est très prolifique et relativement sédentaire, il est d'une excellente ressource pour certaines contrées peu giboyeuses.

Au mois de novembre, lorsque lièvres et perdrix sont décimés, lorsque la caille a émigré, les chasseurs sont bien heureux de se rabattre sur le lapin, qu'on peut courre, tuer au tir ou prendre au furet.

Pour la chasse au furet, il faut choisir un temps de gelée ou de grand vent, et s'arranger pour faire rentrer les lapins dans leurs terriers au moyen d'une battue. Cette chasse, très amusante du reste, n'est cependant pas aussi facile qu'on pourrait se l'imaginer tout d'abord. Le tir du lapin pressé par le furet exige une certaine habitude.

Charles Diguet, dans ses *Mémoires d'un fusil*, raconte à ce sujet une aventure qui prouve que là comme ailleurs il faut de l'expérience et de la présence d'esprit.

« Le lendemain matin, dit-il, nous nous rendîmes au bois avec quelques bassets, et nous fîmes rentrer au terrier tous les lapins qui se trouvaient sur pied. Nous avisâmes un terrier à six gueules parfaitement *hanté*, surplombant un large chemin découvert. Deux gueules se trouvaient sur la plate-forme, qui, elle aussi, était presque découverte.

« On ne pouvait mieux choisir.

« Nous avions deux excellents furets.

« A entendre M. Albert, la chasse au furet, qu'il avait longtemps pratiquée, était la première des chasses. Au moins on était sûr de voir du gibier, et il partait à portée. Quant au tir, n'était-ce pas ce qu'on pouvait appeler *tir à blanc?*

« Nous finîmes par penser qu'il se pouvait bien faire qu'il eût des aptitudes spéciales pour cette chasse, et nous nous attendions à le voir *bouler* les lapins, absolument comme on casse les pipes au tir.

« M. Albert se chargea des furets et de l'organisation de la chasse.

« Nous voici arrivés aux terriers. Le susdit Albert nous désigne nos postes et se met en devoir de délier les cordons de la bourse qui contenait les furets.

« Nous étions tous à quinze pas de là environ.

« — Aïe ! aïe ! »

« C'était M. Albert, qui avait eu l'imprudente idée de tirer un furet par la patte au lieu de le saisir par-dessus les épaules ; et dame! le furet le mordait bel et bien. Il lâcha immédiatement l'animal, qui ne demanda pas son reste et se sauva sous bois. Nous courûmes après lui, et nous perdîmes un bon quart d'heure à le rattraper.

« Toutes les chances arrivent à la fois.

« Quand nous revînmes au terrier, l'autre furet était parti.

« Comme vous le voyez, l'odyssée commençait.

« Le premier fut renfermé. Nous ne disions rien, mais Albert n'était pas content, car cette petite aventure retardait le moment de ses exploits.

« Mais où était l'autre furet?

« A coup sûr, si on eût prévu cette aventure, on eût mis une petite sonnette au cou des animaux, ainsi que cela se pratique souvent.

« Nous étions épars çà et là, nos fusils à terre, épiant les routes et les broussailles environnantes. Assez désorienté de sa maladresse, Albert, à deux pas de la bouche la plus fréquentée du terrier, nous regardait.

« Tout à coup, entre ses jambes déboule, avec cette rapidité que vous savez, un malheureux lapin qui, en un clin d'œil, disparaît sous bois.

« Une seconde après un autre le suit ; Albert, émotionné par ce coup imprévu, glisse de dessus le tertre, et le voilà étalé dans le chemin.

« Guidé par son flair, le furet, en sortant de la bourse, était entré au terrier.

« Une franche gaieté nous envahissait; la déconvenue de notre ami nous amusait fort, si bien que nous ne songions même pas à prendre nos fusils pour arrêter les lapins.

« C'était un vrai bouquet de feu d'artifice. Il en sortait en

Le furet.

haut, en bas, et Albert, une fois relevé, avait failli trébucher de nouveau sur un ou deux, au moment où il prenait son fusil.

« Le rire devint général. Albert seul était grave; mais sa gravité devint grincheuse. Enfin il tenait son arme redoutable. Elle était déjà à son épaule, en joue, et dirigée vers l'orifice du terrier.

« Nous attendions la détonation.

« La poudre prend feu, le coup part!

« Il est tué!

« Pour le coup il y était; de plus, il était retombé dans le terrier.

« — Enfin ! »

« Le héros, s'étant mis à genoux, plongea un bras dans le trou en disant :

« — Son affaire a été vite faite. »

« Il retira son bras. Il l'avait tué! Il le tenait, les pattes et la queue pendantes.

« Hélas! c'était le malheureux furet qui, après avoir accompli sa besogne, avait reçu le coup à la tête, au moment où il sortait à petits pas du terrier.

« Fallait-il rire ou se fâcher ?

« Nous en rions encore.

« Et la tête du jeune Albert! Non, nous n'oublierons jamais ce visage, qui passait subitement du rouge au blanc, du blanc au rouge.

« Quand il fut un peu remis, et que le fou rire qui nous avait gagnés fut calmé :

« — Pas de chance! » dit-il.

« Il prononça ces mots si piteusement, que cette exclamation avait toute l'ampleur d'un poème.

« Il nous restait encore un furet et d'autres terriers. Nous nous y rendîmes. La place était moins bonne; mais avec un tel chasseur, qu'importait la disposition du lieu ?

« Albert, un peu penaud, prit sa place, mais il ne parlait pas.

« Quelques secondes après que le furet eut été lâché, j'entendis des pas dans le terrier sur lequel j'étais posté. Je fis un signe de la main pour avertir que le lapin piétinait. Personne de nous ne songeait à tirer; nous observions le malheureux chasseur.

« Le lapin déboule.

« M. Albert met en joue, mais nous sommes encore à attendre la détonation. Les chiens du fusil étaient au repos, et l'infortuné pressait la détente à la rompre.

« — Chien de fusil! Quel beau coup raté! s'écria-t-il, je le tenais entre les deux oreilles. »

« Bref, il l'eût tué dix fois sans la fatalité.

« Vous voyez la situation.

« Il arma son fusil et se tint prêt.

« Pan! un coup de feu formidable se fait entendre.

« Il avait tiré! Dans sa précipitation, et pour être prêt, il avait pressé les deux détentes à la fois en visant la gueule du terrier avant que le lapin fût sorti.

« Quand le trop heureux lapin déboula, le fusil était déchargé.

« Personne ne le tira.

« Sans doute, après tant de bruit, le pauvre animal ne s'attendait point à en être quitte à si bon compte.

« La chasse était finie.

« Je proposai d'en prendre un vivant. Ce qui fut dit fut fait. On approcha la bourse à mailles de l'ouverture du trou, et, trois minutes après, le lapin se trouvait prisonnier. Nous l'apportâmes dans un grand jardin entouré de murs, et après lui avoir mis une longue ficelle à la patte de derrière, nous le laissâmes aller. Nous voulions qu'Albert le tuât. Nous fîmes les choses en règle, et, une demi-heure après qu'il eut été lâché pour lui faire reprendre ses sens, nous revînmes en compagnie d'un chien d'arrêt.

« Black tombe ferme !

« Le jeune Albert était au port d'arme.

« Le lapin, qui se sentait lié, tint longtemps sous l'arrêt. Enfin il déboula lorsque le chien l'eut littéralement forcé.

« Maître Albert fit feu...

« Le lapin était délivré de sa corde, que le coup de fusil avait coupée. Il s'esquiva au plus vite sous des fagots entassés au pied d'un mur.

« Le jeune Albert était dans une colère bleue.

« — Après tout, dit-il, j'étais bien dans la direction, puisque j'ai coupé la ficelle. »

« Enfin, cette chasse peut bien être appelée la chasse au furet, puisque nous en avons tué un.

« Mais, je le déclare, jamais chasse au furet ne m'a tant fait rire. »

Une chasse à l'agouti dans la Guyane.

Quand la toilette du créole fut achevée, il alla trouver ses hôtes et surveiller les préparatifs du départ. Puis, donnant à son piqueur l'ordre de coupler ceux de ses chiens destinés particulièrement à la chasse de l'agouti : « Enchaîne Sport et Junon, dit-il; je ne veux pas qu'ils nous suivent.

— Pourquoi, dit l'un des chasseurs, retenir au chenil ces belles bêtes qui ont l'air si bien disposé ?

— Parce que ce sont des hounds de pur sang, que j'ai fait venir d'Écosse, et que je garde pour courre la biche, répondit notre hôte; vous savez le proverbe espagnol : *A buen galgo, echar le liebre y no conejo.* (A bon chien il faut donner le lièvre et non le lapin.) Or, quoique l'agouti soit nommé le lièvre du nouveau monde, il est juste de dire que sa chasse ressemble surtout à celle du lapin. »

Avant de se mettre en route, on déjeune aux Colonies, on n'oublie jamais ce devoir. Puis chacun reçut une petite palette de fer et un coutelas.

« Par tous les saints ! s'écria l'un des chasseurs, à quel usage destinez-vous ces sabres? Est-ce à l'arme blanche qu'on attaque votre gibier ?

— Oh! sûrement non, répondit le colon; mais nos forêts ne ressemblent nullement au bois de Boulogne; ici, pas de routes, pas de sentier. Le fourré est tellement épais, que, pour faire un pas, il faut se frayer un chemin le fer au poing. Quant à la palette, placez-la provisoirement à votre ceinture; vous en apprendrez bientôt l'usage. »

Chemin faisant, le colon donna quelques renseignements complémentaires sur l'ennemi qu'on allait combattre.

« L'agouti, dit-il, est un petit quadrupède qui ne se trouve nulle part dans l'ancien monde; il tient en même temps du rat, du lièvre, du lapin, de l'écureuil et du cochon. Sa tête ressemble à celle du rat; ses oreilles sont courtes et arrondies; sa queue est à peine apparente; les jambes de derrière sont dépourvues de poil et plus longues que celles de devant; il pèse environ six kilogrammes. Il a les yeux placés comme ceux du lièvre et gîte comme lui. Il se tient toujours sous bois, lutte longtemps de ruse et de vitesse avec les chiens, quitte difficilement le pays qu'il connaît, et finit par disparaître dans un terrier qu'il a longuement fréquenté. »

Tout en causant, on était arrivé à un champ de patates.

« La belle place pour bouler un lièvre ! dit un des Européens.

— Oui, si vous étiez en Europe, mais vous chercheriez en vain celui du nouveau monde. L'agouti fuit la plaine et recherche les taillis. »

Les chiens employés pour la chasse à l'agouti sont petits, quoiqu'ils se rapprochent, comme forme, du lévrier ; on les choisit ainsi à cause des crochets et des ruses de l'agouti, qu'un chien trop grand et trop vite dépasserait.

Pendant ces explications, les chiens, qu'on avait découplés, donnaient de la voix :

> Lièvre bien chassé
> Revient au lancé,

dit le proverbe ; il en est de même pour l'agouti.

Les chasseurs, s'aidant du coutelas, s'ouvrent un chemin à travers les lianes, et parviennent au terrier autour duquel les chiens font rage. On procède à peu près comme pour les terriers à lapins, soit en bouchant tous les orifices moins un, et en enfumant l'animal, qui parfois meurt dans son trou plutôt que de sortir. Cependant le créole usa d'un autre moyen. Deux petits chiens furent introduits dans le terrier pour aller y livrer bataille et forcer l'agouti à abandonner son asile. Chacun se plaça en silence. Enfin, prompt comme l'éclair, l'animal bondit. Quatre coups de fusil le saluèrent sans lui faire le moindre mal.

« Cela ne fait rien, dit le créole, les chiens ont sa trace, ils le ramèneront. »

Tout se passa comme il l'avait prévu, et un coup de fusil abattit l'animal dans une clairière. C'était un vieux mâle. « C'est dommage, expliqua le colon, car il figurerait mal à la cuisine ; la chair des jeunes, quoiqu'elle ressemble à celle du lapin, sent la venaison et est excellente cuite dans la couenne qui y adhère. On prépare l'agouti comme le cochon, après l'avoir flambé, et on le mange rôti, ou quelquefois en civet. »

Le même jour, on découvrit un autre terrier; après en avoir visité les environs et bouché les issues, que le pack sait admirablement se ménager pour protéger sa retraite en cas de péril, le Guyanais en sonda la profondeur avec une baguette flexible. Le terrier avait peu d'étendue, et le bout de la baguette atteignit le pauvre prisonnier, qui fit entendre un petit grognement, comme celui du cochon. Le chasseur tira de sa ceinture la petite palette, et creusant un trou perpendiculaire au-dessus du réfugié, il parvint ainsi à le prendre. Il ne faut pas cependant le saisir sans précaution; car ce petit animal, quoique très inoffensif de sa nature, hérisse son poil, frappe le sol de ses pieds de derrière, et jette de la terre avec ceux de devant lorsqu'il se sent acculé et près d'être capturé; il mord, et ses dents sont fort acérées.

Les Indiens chassent l'agouti à l'aide d'un appeau, *al chillido*. Le goût de cet animal pour la conversation est tellement prononcé, qu'il répond à cet appel, et approche jusqu'à toucher le chasseur.

Le renard ramoneur.

Quelques amis chassaient le renard dans les bois de Courville. Tous les terriers étaient bouchés, et les chiens menaient la bête à pleine gorge. Plusieurs coups de fusils avaient été tirés, et le renard n'en courait que mieux. Bientôt après la musique cesse, et l'on n'entend plus rien. Les chiens étaient sortis du bois et traversaient la plaine en criant à qui mieux mieux.

« Ils ont quitté le renard, dit un chasseur; ils mènent quelque lièvre; il faut les rompre.

— Non pas, répondit un garde; jamais ces chiens-là ne quitteront le renard pour le lièvre. L'animal voyant ses terriers bouchés, sa retraite impossible, a pris parti; nous le trouverons ailleurs, dans quelque autre bois; suivons les chiens, ils en savent plus que nous. »

Une espèce de ferme se dressait au milieu de la plaine, la cour ouvrait sur la campagne ; les chiens y entrèrent en criant. Là ils s'arrêtèrent devant une porte fermée.

« A qui diable en veulent-ils? dit quelqu'un ; il est impossible que le renard soit dans la chambre du paysan.

— Qui sait? fit le garde, mes chiens ne se trompent jamais.

— Par où donc aurait-il passé?

— Voyez ce trou, cette planche pourrie sous la porte ; un renard peut fort bien s'introduire par là. »

On ouvre, et les chiens entrent dans la cuisine en redoublant d'ardeur. On cherche partout : on fouille sous les meubles, sous le lit, dans le lit même, point de renard. Tout d'un coup deux chasseurs restés en dehors, et croyant que cette poursuite était une mystification, aperçoivent sur la cheminée un museau de renard noirci par la suie. Ils tirent, et l'animal tombe dans le foyer; il passe au milieu des chiens, il reçoit encore cinq coups de fusil et se sauve. La nuit était venue; on ne put continuer la chasse.

Une fois rentré parmi ses camarades, ce renard dut leur raconter une bien belle histoire.

L'affût.

La chasse à l'affût n'est admissible que pour le loup, le renard, le sanglier, le blaireau, le lapin, le pigeon ramier, les canards et les oiseaux d'eau.

Dans tous les autres cas, il convient de laisser cette chasse aux braconniers.

Elle exige une grande patience, un œil très exercé et des précautions infinies.

L'affût devient pour le chasseur qui s'y adonne une véritable passion. Les nuits froides, la neige, la pluie, ne l'arrêtent point. Si enfin le gibier se présente et qu'un coup de fusil l'abatte, l'affûteur est récompensé au centuple de ses peines et de ses efforts.

On s'établit de préférence dans un arbre où l'on peut s'asseoir commodément et tirer de même. Il faut bien prendre son temps pour viser, car il s'agit non de blesser l'animal, mais bien de le tuer sur place sous peine de le perdre.

On choisit le matin pour le blaireau, le soir pour le sanglier ou le renard. Il va sans dire que tout affût est subordonné à la découverte des passées de l'animal; il serait puéril de se placer sur tel ou tel arbre pour y attendre le passage d'un animal problématique.

Dans la Provence, on chasse le canard sauvage à l'affût.

On construit pour cela une sorte de hutte dans une clairière, au centre de laquelle se dresse un baliveau dont le sommet est dépourvu de branches. Puis le chasseur qui possède des canards domestiqués, dits appelants, s'en rapporte à eux du soin d'attirer leurs congénères, et il peut lire ou rêver à son aise dans sa cabane, en attendant l'heureux instant du coup de fusil.

Parfois aussi un garde vient le troubler dans sa retraite, ou bien c'est un gendarme qui veut voir le permis; d'autres fois encore, c'est un ami, qui, d'un affût voisin, vient le visiter et lui demander des nouvelles de sa chasse. Et ces séances durent des heures, et il y a des gens qui aiment ça!

Enfin!...

La chasse aux lanternes.

Ceci n'est pas une chasse à la portée de tout le monde; il faut habiter des pays encore neufs ou bien posséder des domaines clos pour s'en offrir le luxe. Non pas qu'elle soit dispendieuse par elle-même, bien loin de là; mais uniquement parce que, en France, les lois sur la chasse s'opposent à ce genre de sport.

En effet, la chasse aux lanternes étant, comme le laisse deviner son nom, une chasse nocturne, elle ne peut être pratiquée que sur des terres *attenant à une maison d'habitation et séparées par des clôtures des héritages voisins.* On la pratique néanmoins au marais, pour le canard sauvage.

Voici, à titre de renseignement, en quoi elle consiste :

Les chasseurs, après avoir reconnu le bois, se sont assurés de l'existence des cerfs, daims, rennes ou autres animaux qu'ils veulent tuer, ainsi que des lieux qu'ils fréquentent de préférence. Cette constatation faite, ils dînent tranquillement

Chasse aux lanternes.

et joyeusement, et ce n'est qu'à la tombée de la nuit qu'ils se mettent en campagne.

Des lanternes, munies d'un fort réflecteur, sont fixées sur une espèce de casque de cuir ; le casque tient sur la tête au moyen d'une jugulaire, et une visière basse protège les yeux.

On sait que la lumière vive attire les animaux pendant la nuit. Partant de ce principe, il ne reste plus qu'à se rendre, avec le moins de bruit possible, sur le terrain de chasse; le réflecteur dont chaque lanterne est munie montre au chasseur le gibier attiré, sans que celui-ci puisse lui-même deviner la présence du chasseur. Lorsque l'animal est à bonne portée, il ne reste qu'à le tirer. On comprendra qu'il est de toute nécessité de marcher de front et de ne jamais se dépasser les uns les autres; il y aurait d'abord danger, et, en second lieu, le chasseur le plus avancé pourrait être éclairé par les lanternes de ceux qui viendraient derrière, ce qui dévoilerait infailliblement au gibier la ruse ourdie contre lui.

Voilà, croyons-nous, une chasse facile à pratiquer; elle n'a qu'un inconvénient, c'est d'être trop meurtrière et d'enlever toute émotion. Elle est cependant excellente au Canada, au Labrador, en Finlande et ailleurs, où elle aide à capturer sans fatigue les rennes et autres animaux qui, pendant les longs mois d'hiver, servent de nourriture à l'homme, que le froid intense empêche de se livrer à une chasse de longue haleine.

Les miroirs.

Les miroirs servent principalement pour la chasse aux alouettes, qu'ils attirent en grand nombre autour d'eux.

Le miroir est un instrument de bois constellé de petits prismes de verre; au moyen d'une ficelle, le chasseur lui-même imprime à l'appareil un mouvement de rotation qui fait scintiller les verres; et les alouettes, voyant de haut ces points brillants, se piquent de curiosité et descendent à l'envi pour apprécier de plus près le phénomène. C'est ce qu'attendait le chasseur blotti dans un buisson voisin du miroir. Lorsqu'il croit le moment opportun, il décharge son arme dans le groupe des curieuses et sème la mort dans leurs rangs.

On vend des miroirs que le chasseur met en mouvement soit avec le pied, soit avec la main par le moyen d'une ficelle; d'autres, et ce sont les plus commodes, sont actionnés par un ressort que l'on remonte comme une montre, ou mieux comme un tournebroche.

La plaine de Saint-Denis, dans les environs de Paris, est un véritable rendez-vous de chasseurs aux miroirs.

Chasse au miroir.

Le miroir aux alouettes est devenu synonyme d'appât à coquette. En effet, on se demande si ce n'est pas la coquetterie qui attire l'alouette et cause sa mort. Si le défaut est grand, le châtiment est plus grand encore, et il nous semble même si terrible, qu'il est en disproportion avec la faute commise. De plus, nous sommes ennemis en principe de ces ruses qui enlèvent au gibier le peu de chances qu'il a de nous échapper. Les pauvres bêtes sont bien assez traquées pour que le chasseur ait au moins le courage de ses actes, et pour qu'il les attaque non en traître, mais en simple ennemi. L'affût et les ruses sont excusables avec les animaux nuisibles; ils constituent un véritable délit de braconnage dans tous les autres cas.

Gaston Phœbus, comte de Foix, qui avait épousé la sœur du roi de Navarre et était à ce titre allié de la famille des Valois, a laissé un ouvrage aussi important qu'apprécié par les veneurs; les naturalistes eux-mêmes, Buffon en tête, ont reproduit, quelquefois *in extenso,* ses descriptions des divers gibiers.

Dans ce livre, écrit en vieille langue française, nous trouvons la définition d'une chasse curieuse, qui, modifiée, s'est cependant conservée jusqu'à nous.

C'est la *chasse à titre.*

Autrefois, pas plus que de nos jours, il n'était possible de poursuivre en tous lieux le gibier qu'on avait lancé. Les provinces étaient divisées en une quantité de petits fiefs; et les seigneurs, ennemis entre eux et jaloux de leurs prérogatives, ne permettaient pas que l'on violât leur territoire. Gaston Phœbus lui-même passa une partie de sa vie à guerroyer contre les sires d'Albret et d'Armagnac, dont les fiefs jouxtaient les siens. Il fallait donc limiter la chasse à un terrain mesuré. C'est ce qu'on appelait chasser à titre. Le mot *titre* signifiait réseau, tissu, panneau.

On déterminait donc une enceinte aussi vaste que le nombre de rabatteurs le permettait, autour de l'endroit où le gibier avait été rembûché. Ces gens, que l'on appelait des *fortitreurs,* avaient pour fonctions d'empêcher que le gibier ne sortît de l'enceinte, qu'il ne se *fortitrât,* mot que l'on a remplacé ensuite par celui de *forpayser,* et actuellement par *forlonger.*

Donc, quand le gibier se dirigeait de leur côté, dans l'intention évidente de sortir des limites assignées à la chasse, ces fortitreurs criaient ou sonnaient du cor pour le forcer à rentrer au titre dans lequel il était contraint de tournoyer.

En agissant ainsi, les seigneurs évitaient des querelles qui se terminaient toujours, une fois engagées, par des guerres et par une inutile effusion de sang.

CHAPITRE VIII

LA CHASSE A COURRE

Au château. — Les invités. — Le personnel. — Le point du jour. — Le
réveil. — Le déjeuner. — Le rapport. — Le lancer. — Le laisser-courre.
— Le débuché. — Le bat-l'eau. — L'hallali. — La curée. — Les honneurs
du pied. — La retraite. — Le bonsoir. — Le dîner. — Le départ.

La poursuite du cerf constitue le type de la grande chasse;
c'est l'ancienne chasse royale, c'est la chasse par excellence,
c'est de celle-là que nous allons parler.

Le château regorge de monde, les amis de Paris sont
venus; le général, entouré de ses officiers, a promis d'assister
à la chasse; le préfet suivra à cheval, et Madame prendra
place dans une voiture. Les hobereaux du voisinage jettent
un coup d'œil inquiet sur leur monture; enfin les bourgeois
cossus de la ville voisine se sont assurés à l'avance la possession d'un véhicule de louage, chargé de les mettre à
même de suivre la chasse et d'assister à toutes ses péripéties.

Les châtelains ont logé tous leurs invités : les célibataires
peuplent une aile entière du principal corps de logis, ainsi
que l'étage supérieur dans toute son étendue; les gens mariés
ont été installés par clans, par coteries, et aussi suivant leur
importance.

Les domestiques sont sur les dents.

Les écuries ne suffisent pas à abriter la cavalerie; les
étables ont été prises d'assaut, et les bestiaux ont été relégués
dans les fermes.

Le chenil a été scrupuleusement nettoyé, les valets et les piqueurs ont donné un dernier coup d'œil à leur équipement; tout le personnel est prêt à entrer en ligne.

La veille du grand jour, on s'est couché de bonne heure. Au château, les hommes ont fumé un cigare; ces dames ont échangé quelques menus propos, puis chacun a regagné son appartement, les uns pour dormir (ce sont les vrais chasseurs), les autres pour continuer, en petit comité, une conversation commencée au grand salon (ceux-là iront en voiture demain). Vers onze heures tout est éteint. Du côté des célibataires, une interminable file de bottes décore les couloirs; du côté des dames et des gens sérieux, les couloirs sont plus vides; à peine çà et là quelques fines tiges de cuir russe révèlent la présence, de l'autre côté de la porte, d'une jeune chasseresse. Jeune, elle l'est certainement, car il faut de l'ardeur pour suivre une chasse, et comme une femme ne montera que si elle est sûre d'avance d'arriver à l'hallali après avoir franchi tous les obstacles, on peut conclure que la propriétaire des bottes est jeune et bonne écuyère.

Au matin, l'animation est à son comble.

Les jeunes gens sortent de leurs chambres et causent entre eux; ici, un coup de rasoir; là, un éperon qu'on fixe. La question des bottes préoccupe beaucoup ces messieurs, cependant la « Chantilly » semble réunir la majorité des suffrages.

Les chevaux, eux aussi, sont mis sur le tapis. Chacun d'eux possède une qualité remarquable; d'autres sont des chevaux prêtés; enfin quelques-uns de ces messieurs monteront des bêtes qu'ils ne connaissent nullement, ce qui ne laisse pas que de les inquiéter un peu.

On a beau être bon cavalier, on n'est jamais sûr de soi avec un animal qu'on ne connaît pas; une chute est vite arrivée, et ce n'est pas chose amusante que de tomber devant ces dames.

Celles-ci sont bien occupées; de leur côté, les femmes de chambre ne savent plus où donner de la tête. La robe de Madame, l'amazone de Mademoiselle, le piquet de fleurs, la plume, les gants, la cravache, soulèvent autant de discussions interminables, qui ne prennent fin qu'après de nombreux essayages.

Dans les communs, les valets d'écurie astiquent et frottent;

il faut faire les sabots des chevaux, la queue, la crinière; les seller, les brider, les maintenir, les calmer.

Au chenil, les chiens auxquels, en vue de la chasse, on n'a pas donné la pitance accoutumée, aboyent, sautent et se battent, tandis que les maîtres-piqueurs sont allés faire le bois avec les limiers.

Les valets de chiens causent entre eux et supputent les petits bénéfices de la journée.

Le maître d'équipage, inquiet et affairé, court de tous les côtés, gourmande l'un, gourmande l'autre et presse les préparatifs.

Tout à coup une bruyante fanfare de trompes retentit; c'est le point du jour, bientôt suivi du réveil. Les initiés expliquent aux novices la signification de cette musique matinale. Les vieux veneurs fredonnent l'air en y mettant quelques paroles de circonstance. Les jeunes bousculent tout dans leur chambre, s'imaginant qu'on va partir sans eux.

Une cloche sonne. C'est le déjeuner, que chacun avale à sa façon. Point de cérémonial; une table avec des viandes froides, du thé, du café, du vin, du rhum; les uns s'asseoient, d'autres restent debout. Beaucoup de retardataires. On cause peu. Les dames ne sont pas encore de bonne humeur; les hommes, gênés dans leur culotte collante, attendent impatiemment le moment de monter à cheval. Quelques hommes méthodiques et graves déjeunent aussi tranquillement que s'ils étaient chez eux au coin de leur feu. Les jeunes filles arrivent les dernières, une main non encore gantée, la cravache sous le bras, la robe légèrement relevée, découvrant une fine cheville et un talon éperonné. Les mamans sont inquiètes et donnent le dernier conseil. Il faut remarquer que c'est toujours le dernier, jusqu'au moment où on ne parlera plus.

Le maître d'équipage est sur la pelouse. Le veneur arrive. C'est le rapport.

« J'ai détourné, je crois, un cerf dix-cors dans le bois du Héron; j'ai vu du pied de l'animal; les portées faites dans les coulées sont hautes; enfin j'ai ramassé des fumées bien moulues, pesantes, dorées, aiguillonnées, que je vous rapporte dans ma trompe. Je crois l'animal courable et sans nul refus. J'ai dit. »

Aussitôt la nouvelle connue, les chasseurs s'agitent de toutes parts; on monte à cheval; les mails, les victorias, les dog-cars, sont avancés. Les piqueurs, précédés des chiens tenus en laisse, apparaissent, tandis que les trompes sonnent les saluts, celui des piqueurs et celui des maîtres. Chacun prend ses dernières dispositions; les gens rassis s'installent dans les voitures; les jeunes font piaffer leurs chevaux; les chiens grognent et se bousculent.

Le maître d'équipage organise les relais : la meute d'attaque comprend tous les meilleurs chiens; le premier relais se compose de chiens un peu moins forts; le second, de même; et enfin, le troisième est formé des plus vieux chiens, chiens d'expérience dont l'âge trahit la vaillance. Ce sont les clés de meute; ils sont six.

Les veneurs arrivent au bois du Héron; on découple quelques chiens, qui ne tardent guère à mettre le cerf debout. C'est un grand vieux cerf portant chandelier; il a franchi la route d'un bond. On lance la meute d'attaque et on la découple, en ayant soin de lâcher les meilleurs chiens les premiers.

Les fanfares éclatent; c'est le lancer.

Bêtes et gens se précipitent; les veneurs sont derrière les chiens; les invités suivent; les amazones et les officiers rivalisent d'ardeur à l'obstacle; puis viennent les cavaliers prudents ou peu expérimentés; enfin, sur la route, mail-coaches, breaks et calèches, soulèvent des nuages de poussière.

Les chiens chantent; la musique commence.

Ici, les veneurs consultent la piste; le cerf a-t-il rusé ou non? Est-ce un change? non. C'est toujours le même, on peut courir au son déjà lointain des aboiements et des trompes. La chasse s'allonge : suivant la qualité des chevaux, on garde la tête ou on passe en queue. De bons bourgeois, dans les voitures, demandent aux cavaliers *ce que c'est qu'on chasse*.

Tayaut! Tayaut!

Il a débuché dans la plaine.

Les fanfares résonnent; en avant! et les veneurs piquent des deux.

Voici cependant un obstacle sérieux. La fille du général vient de le franchir, puis une nuée d'officiers, puis encore quelques amazones et peu de civils. Les cavaliers arrivent cependant, mais la terreur du *panache* les engage à tourner l'obstacle qu'ils n'osent franchir. Aussi les uns simulent un écart de leur monture; d'autres causent d'un air affairé; il y en a qui mettent tranquillement pied à terre et qui se reposent, enfin toutes les ruses pour ne pas sauter sont ici de mise. Les voitures, sur la route, arrivent assez tôt pour assister à ce mouvement tournant, et on entend des gens qui n'ont jamais été à cheval de leur vie donner les plus étonnants préceptes et les plus curieux conseils sur le saut de la barrière fixe.

Enfin la bête de meute, menée de près par les chiens, a pris l'eau; fatiguée, harassée, elle a vu dans la mare un soulagement et un espoir, et ses muscles échauffés et dilatés, qu'elle croyait rafraîchir, sont soudain gelés par le contact de l'eau et refusent de la servir plus longtemps.

Les trompes sonnent le bat l'eau.

Déjà les chiens sont à la nage, et le cerf revient vers la rive. On entonne l'hallali.

Le cerf prend terre presque en même temps que la meute, qui gagne promptement la distance. Enfin le cerf s'arrête contre un hallier, et fait tête aux chiens. De ses andouillers il a déjà envoyé rouler les plus ardents agresseurs. Des hurlements de douleur et de rage retentissent, couverts cependant par les ténors de la troupe, qui donnent sur le cerf aux abois.

Un veneur a mis pied à terre; les invités sont presque au complet. Voilà le préfet, le général, le sénateur, les deux colonels, les demoiselles à marier, les sous-lieutenants, les hobereaux, les bourgeois cossus, les amis, les ennemis, les gêneurs, les ennuyeux et ceux dont on ne dit rien.

Sur un signe du maître d'équipage, le veneur a mis son couteau de chasse à la main et a servi le cerf. Un pleur a mouillé le larmier de l'animal, et il a vécu.

Puis les honneurs du pied sont faits par le châtelain à la personne dont le rang ou la situation ont le plus contribué à augmenter l'éclat de la chasse. Ces honneurs ne sont pas sans exciter quelquefois des jalousies et des rivalités, qui, pour être tenues cachées, n'en sont pas moins terribles.

Enfin le moment solennel est arrivé.

Voici la curée.

Les chiens aboyent sous le fouet des valets qui les tiennent en respect, tandis qu'un veneur lève les parties destinées à la meute, et qu'un autre panse les décousures des chiens que le bois du cerf a malmenés.

Les dames restent un peu à l'écart, ne regardant que d'un œil cette scène de carnage; les chevaux soufflent; des voitures sont sorties des bouteilles de champagne et de fines provisions de bouche, auxquelles beaucoup font honneur.

Enfin les trompes sonnent la retraite, et le cortège, plus calme et plus dru qu'à l'aller, prend à une allure tranquille le chemin du château. C'est le moment où les amis se retrouvent, où les conversations s'engagent; on clabaude, on jase, on dit du mal les uns des autres, et tout le monde est content. Les jeunes filles, ayant aux joues et aux lèvres la fraîcheur et la rougeur de la course au grand air, se rangent près des voitures où trônent les familles; ces messieurs, le fouet dans la botte, forment une sorte de flanc-garde, qui escorte l'escadron sacré.

En arrivant sur la pelouse, les trompes sonnent le bonsoir.

Le château est de nouveau rempli.

Les dames ont disparu par enchantement; il faut bien songer un peu à sa toilette, et à la campagne on a si peu de temps! Ces messieurs, après un coup d'œil à la stalle qu'occupe leur cheval, sont eux aussi remontés dans la *garçonnière*. On fume, comme toujours, et on entend de chaque chambre sortir des ouf! et des ah! de satisfaction; puis une paire de bottes tombe sur le tapis, et le pas léger d'un homme en pantoufle remplace l'allure bruyante des éperons. Ensuite ce sont les culottes qu'on ôte. Dame! elles sont si collantes et serrent tant au genou! Quand ces messieurs sont enfin à leur aise, ils causent entre voisins. C'est Gaston qui a mesuré sa longueur au sentier des Herbes-Hautes; le grand vicomte a perdu sa toque; un officier de chasseurs est tombé sous son cheval; le préfet a perdu un étrier à la Saulaie. Puis viennent les : « J'ai les côtes rompues; et vous, Henri? — Ne m'en parlez pas, mon cher. Satané cor! — Lequel? — Celui que j'ai au pied. — Et ce cheval que m'a donné le maître d'équipage, avez-vous vu ça? — Non, je n'ai pas remarqué. — Vraiment? Atroce, mon cher, atroce! il m'a secoué toute la journée comme un sac de noix. » Etc. etc.

Le dîner réunit tous les hôtes. Néanmoins la fatigue les rend peu loquaces, et ce n'est guère que vers le dessert que les langues se délient.

Les hommes ont conservé l'habit rouge; les dames ont arboré une toilette de circonstance. Naturellement on chante les louanges de la meute, des chevaux, des veneurs, et chacun se montre enchanté de la journée, qui a été favorisée par un temps superbe; aucun accident à déplorer, tout au plus quelques chutes sans importance, dont les victimes du reste ne tiennent pas à être plaintes.

Après dîner, on organise une sauterie qui cependant ne se prolonge pas trop avant dans la soirée. Vers onze heures, les gens de la ville et du voisinage font avancer leur voiture ou leurs chevaux, et à minuit les amphitryons et leurs hôtes se retirent dans leurs appartements.

Le lendemain, les novices ont une démarche étrange. La courbature a gagné leurs reins. Quelques lazzis des vieux cavaliers saluent les douleurs des malheureux, qui recherchent les fauteuils et les canapés à l'écart. Seuls quelques enragés sont partis, dès le matin, le fusil sur l'épaule, pour tirer une caille ou un perdreau. La grande majorité se repose et savoure les charmes des causeries douces, dans un salon clos, aux meubles moelleux, où l'on enfonce avec délices les membres endoloris.

Les valets de chiens ont, dès la veille, fait la toilette de la meute; les chiens ont été séchés et nettoyés; leur sole a été soigneusement visitée, afin d'en retirer les épines; le poil a été bouchonné et lustré. De leur côté, il n'y a pas trace de fatigue.

Dans les communs, les commentaires vont leur train. Les pourboires et gratifications ont été satisfaisants. Le nombreux domestique est content.

Et voilà ce que c'est, en quelques mots, qu'une chasse à courre; par ce rapide aperçu, on embrassera d'un coup d'œil l'ensemble des opérations qu'elle comporte et on devinera les détails, tout en prévoyant les mille incidents auxquels elle peut donner lieu.

La chasse à courre est un plaisir aristocratique, que seuls
des millionnaires peuvent s'offrir, l'entretien d'une chasse,
d'une meute, de piqueurs et de chevaux, étant pour un
maître d'équipage une source de dépenses énormes, qui se
chiffrent par des sommes variant entre cent et deux cent
mille francs par an. Ce ne sont pas là, comme on le voit,
sports à la portée de tous; cependant, comme on peut être
appelé à prendre part à une de ces fêtes, il est bon de savoir
à l'avance comment elles se passent; c'est pour cela que
nous avons esquissé ce croquis.

CHAPITRE IX

Les chasses sur la plage et à la mer. — L'aventure de Charles.

La jurisprudence n'a pas jugé à propos d'assimiler les grèves et plages aux terrains de culture; aussi la chasse est-elle permise au bord de la mer en toutes saisons. Le gibier n'y est pas rare, et les prises peuvent être importantes. C'est là un terrain de chasse que la transformation envahissante du continent a encore respecté; là, on trouve à tirer, et c'est une bienfaisante compensation offerte aux chasseurs ne possédant pas quelque part dans des *chasses gardées,* où il reste encore quelque chose à tuer. La mer est inépuisable. Un perpétuel renouvellement comble les vides, et, de ce côté du moins, on n'a pas à craindre d'appauvrir les espèces, aussi nombreuses que bien représentées. Chaque coup de vent amène avec lui son gibier, et en quelques heures on peut gonfler son carnier d'un butin varié. Indépendamment des oiseaux de marais, tels que hérons, canards, oies, cygnes, pluviers, vanneaux, macreuses et autres, que l'on trouve également en mer, il existe une faune spéciale que l'on trouve sur nos côtes de l'Océan et de la Manche. De ce nombre, sont :

Les courlis.	Les chevaliers.	Le pétrel.
Les mouettes.	Les hirondelles de mer.	Le fou.
Les goélands.	Les moineaux de mer.	La perdrix de mer.

Pour chasser dans de bonnes conditions au bord de la mer, il faut être vêtu d'un costume aussi imperméable que

1, Pétrel-tempête. — 2, Bec-en-ciseaux noir. — 3, Albatros à sourcil noir. — 4, Frégate. — 5, Hirondelle de mer.
— 6, Paille-en-queue à brin blanc — 7, Fou.

possible, avoir de la laine sur la peau et des bottes aux pieds, un chien allant bien à l'eau, et ne pas craindre la fatigue. L'embouchure des fleuves et des rivières est plus fertile en gibier que les plages proprement dites.

Les mouettes, que l'on rencontre un peu partout, car elles sont très communes, se laissent facilement approcher. C'est un oiseau de la taille d'un pigeon ; sa nourriture consiste en poissons et en détritus de toutes sortes. Son plumage est gris cendré. Il est d'un tir facile. Lorsqu'on en aura abattu une, il conviendra de la laisser à terre ; les autres viendront certainement tourner autour d'elle, et on aura ainsi de nombreux coups de fusil en réserve.

La mouette ne doit être considérée que comme gibier de tir ; car, au point de vue culinaire, c'est une triste pièce dont les moins délicats ne pourraient s'accommoder.

Les goélands sont des palmipèdes de grande taille ; leur envergure atteint jusqu'à un mètre ; le plumage est gris, le bec noir et fort.

Le goéland vit dans la tempête ; il se glisse au creux des vagues, saisit sa proie et fuit ; il se laisse aussi bercer, couché sur la cime des vagues, et, poussé par les vents et les flots, il parcourt ainsi des distances considérables.

Lorsqu'il plane, il est facile à tuer ; mais, s'il n'est que démonté, il faudra l'achever avant de le laisser approcher par le chien, qui autrement courrait grand risque d'être blessé.

Le chevalier est un échassier qui fréquente les bords de la Manche et les marais salins. Il est très sauvage et difficile à tuer. Lorsqu'on en rencontre une bande, on peut cependant espérer en prendre un. Sa chair est bonne.

L'hirondelle de mer plane, plonge et évolue, comme l'hirondelle de terre. Son vol est capricieux et rapide. Elle vit de poisson, qu'elle cueille à la surface des eaux. Si on réussit à en abattre une, la curiosité des autres les portera sous le fusil du chasseur, dont la détonation semble les attirer.

Les moineaux de mer, les pétrels, les fous, comme les précédents, vivent par bandes. Leurs habitudes sont semblables à celles des oiseaux dont nous venons de parler; aussi ne nous étendrons-nous pas davantage sur des espèces dont les caractères principaux se rattachent à ceux de tous les oiseaux de mer. En principe, ils sont tous d'un bon coup de fusil lorsqu'ils planent, de même que tous sont d'un manger peu recherché, pour ne pas dire plus. Le chasseur devra s'attacher à les tirer à rebrousse plume; car souvent le duvet est si fourni et si lissé, que le plomb glisse dessus.

Le chasseur qui, non content de fouiller la plage, se risquera dans un batelet jusqu'à quelque distance en mer, trouvera encore de nouvelles espèces: les guillemots, les grèbes, les cormorans, les harles, etc., s'offriront à ses coups... *S'offriront à ses coups* n'est peut-être pas tout à fait exact, car beaucoup de ces oiseaux sont d'un abord difficile (surtout le cormoran); mais enfin, avec de la patience, de la ruse, et surtout avec un fusil à longue portée, les coups arriveront au but.

Il faut avoir soin, lorsqu'on chasse à la mer, de se munir de cartouches bien sèches, que l'on portera dans une boîte en fer-blanc hermétiquement fermée, à cause du brouillard et des paquets d'eau. La charge de poudre sera plus forte que pour le tir en plaine, et le fusil sera soigneusement nettoyé après chaque expédition, car l'eau de mer rouille énormément. En bateau, les premiers tirs ne seront généralement pas brillants, le mouvement et le roulis influant sur le chasseur; mais l'habitude corrigera bientôt ces écarts, et bientôt aussi le goût de ces parties en mer avec un vieux pêcheur, un bon fusil, un chien et une pipe, s'ancrera dans le cœur du nouvel initié.

Essayez-en, jeunes lecteurs, et vous verrez.

En parlant de la chasse en mer, il nous revient à la mémoire les débuts, dans ce genre, d'un chasseur de nos amis, débuts qui sont devenus dans notre groupe le thème et le sujet de nombreuses plaisanteries. L'aventure n'éveillant pour notre ami que des souvenirs... amers, nous tairons le nom du héros et le désignerons du prénom de Charles, si vous le voulez bien.

Or Charles avait pris son quartier général à Dieppe. Ses armes étaient soigneusement fourbies ; son chien, nageur émérite, attendait impatiemment l'heure de la chasse ; un canot finement gréé, à la puissante voilure, attendait dans le port, tandis que le vieux marin raccommodait ses filets au soleil. Le temps était superbe ; la mer, molle et unie, s'enflait à peine sous la légère brise, qui apportait de terre les senteurs des roses et des œillets.

Charles, après avoir constaté toutes ces conditions favorables à ses projets, prévint le père Mathurin que le lendemain il entendait mettre à la voile à la première heure, et qu'il comptait sur lui pour l'éveiller. Le bonhomme promit, replaça sa chique et son bonnet, qu'il avait ôté pour parler au bourgeois, et se remit à ses filets.

Ces dispositions prises, Charles passa le restant de la journée à se distraire et à errer de la plage au Pollet, et du Pollet à la plage ; enfin l'heure du dîner arriva et ramena Charles à l'hôtel de la Plage, puis les violons préludèrent au Casino, et notre ami s'en fut coucher.

De grand matin, le père Mathurin arriva. Charles ne se fit pas attendre, et bientôt tous deux descendirent vers le port, où la coquette embarcation se balançait gracieusement.

Les armes furent embarquées d'abord, puis le chien, puis Charles, puis enfin le marin, qui avait dû larguer les amarres. La voile offrit bientôt son flanc à la brise matinale qui soufflait de terre et le goulet fut franchi. Charles, assis à l'arrière, près du père Mathurin, qui tenait la barre et la drisse, fumait sa grosse pipe de chasse.

« Quel beau temps, père Mathurin !

— Oui, not'bourgeois ; seulement il y aura plus de brise au large ; ça va fraîchir. Espère.

— Comment, espère ? mais je n'y tiens pas du tout à la brise, je trouve qu'il y en a bien assez comme cela.

— Que nenni ; la *Thélis* a besoin de vent pour filer, et vous verrez si elle file, quand tant seulement ça va souffler un brin. C'est un fier bateau, allez, not'bourgeois, et vous êtes aussi solidement arrimé là-dessus que sur le plancher des vaches. »

Charles commençait à trouver que la *Thélis* filait effectivement très bien, trop bien même; ainsi que le vieux l'avait prévu, la barque, en s'éloignant du rivage, gagnait une mer plus dure, et déjà de petites lames soulevaient comme une plume l'avant de la *Thétis,* qui replongeait et s'élevait ensuite légère comme une mouette.

Charles avait posé sa pipe sur un banc, de légères contractions de l'épigastre s'étaient manifestées, et, voulant faire bonne figure et se raidir contre le mal qui commençait à le gagner, il s'était mis à charger sa carabine et sa canardière sans plus regarder la mer, qui tournoyait autour de la barque. Cette manœuvre eut d'abord un plein succès, et Charles éprouva un mieux sensible; il prit sa gourde et but une bonne rasade, ce qui acheva de lui rendre ses esprits. Ensuite, ayant compris que la vue des flots lui brouillait l'estomac, Charles s'absorba dans une conversation très suivie avec son chien, conversation dont, du reste, il fit tous les frais. Ces petits moyens réussirent à écarter le mal de mer, mais cela ne pouvait pas durer toujours. Il était parti pour chasser, et il ne pouvait pas rester tout le temps accroupi au fond du bateau.

« V'là des oiseaux qui font la pêche, dit le père Mathurin en désignant du doigt un point sur la droite de l'embarcation, faut-il mettre le cap dessus?

— Mais oui, mais oui, fit Charles sans se déranger, car il sentait qu'il aurait été imprudent à lui de se lever pour voir.

— Alors, not'bourgeois, j'allons virer, gare à vot'tête; car le gui pourrait vous la déralinguer. Attention ! »

Et en même temps le père Mathurin laissa filer la drisse de droite, serra celle de gauche en la passant à l'écoute, donna un coup de barre, et la *Thétis* se mit à filer par le travers du vent en donnant une forte bande, ce qui eut un fâcheux effet pour l'estomac peu solide de Charles.

« Croyez-vous qu'elle est légère, hein, la *Thétis?*

— Mais oui, mais oui; quel drôle d'effet ça me fait tout de même !

— Faut pas faire attention; vous n'avez pas le pied marin, ça va se passer. »

Ce n'est pas le pied, c'est autre chose, pensait Charles, et je crains bien qu'effectivement *ça va se passer.*

La barque cependant se rapprochait des oiseaux de mer, qui ne semblaient pas songer à fuir.

« V'là l'estant, dit Mathurin; si vous voulez leur z'y lâcher un coup de fusil, j'allons laisser porter, et vous les aurez par le travers.

— Allons, dit Charles, il faut se secouer. Laissez porter. »

La *Thétis* obéit.

Charles saisit sa canardière, et, s'accotant contre le platbord, il visa longuement. Son bras n'était pas sûr; sa tête tournait, et il faisait mille efforts pour réagir et assurer son coup. Enfin il pressa la détente, et la chance voulut qu'une mouette resta sur l'eau. Les autres, effrayées par la détonation, avaient prix leur vol et tournoyaient maintenant autour de leur camarade blessée.

« C'est ben, ça, not' bourgeois; elle y est, mais elle n'est pas morte, et j'allons avoir du mal à l'atteindre. Si vous la voulez, j'allons tout de même essayer.

— Faites comme vous voudrez, » répondit Charles.

Le marin orienta à nouveau sa voilure, et la barque fila droit dans la direction de l'oiseau blessé. Ce mouvement la rapprocha du vol des mouettes, et Charles put en tirer deux autres qui s'aventurèrent tout près de la *Thétis*. La blessée, voyant venir l'embarcation, comprit bien vite qu'elle était le but de la course; aussitôt elle se mit à voguer en faisant crochet. Le père Mathurin, piqué au jeu et ne pouvant admettre que la *Thétis* fût battue à la course par un méchant oiseau blessé, multiplia ses manœuvres et ses virages, tandis que le pauvre Charles luttait désespérément contre la tempête qui lui soulevait l'estomac.

Enfin le chien, auquel personne ne songeait plus, comprit que l'heure d'entrer en scène était venue pour lui; aussi, sans perdre de temps, il enjamba un banc, gagna le platbord et se jeta à la nage.

La mouette, qui avait perdu beaucoup de sang, fut bientôt prise, et le brave chien la rapporta entre ses crocs. Puis il repartit, et rapporta successivement les deux autres que le plomb avait tuées.

Charles luttait toujours; il avait même glissé des cartouches dans ses armes. Il était vert.

Le vent avait succédé à la brise, et maintenant le clapotis

des vagues se faisait entendre, tandis que l'avant de la *Thétis* se couvrait d'une écume blanche et floconneuse. Le vieux marin fouillait l'horizon du regard pour découvrir du gibier.

« Not' bourgeois, je savons où y en a des beaux guillemots; si vous voulez, j'allons vous y conduire.

— Allez, » grogna Charles.

Et la barque se mit à danser sur les vagues, et à bondir de telle façon, que ce fut trop pour Charles, qui, vaincu, ouvrit une large bouche et... restitua.

« Buvez un bon coup, not' bourgeois, ça vous remettra; c' n'est rien que ça. »

Charles voulut suivre le conseil; mais, au moment où il approchait la gourde de ses lèvres, une nouvelle secousse le prit, et il fit le contraire de ce qu'il voulait; au lieu de boire il... éternua.

La mer maintenant était devenue dure, et des nuages que le vent commençait à chasser assombrissaient le ciel. La poursuite avait entraîné la *Thétis* à une assez grande distance de Dieppe, et le chemin qu'on avait parcouru vent arrière, en une heure et demie, demanderait au retour, avec le vent debout et en courant des bordées, deux ou trois fois plus de temps. La voile, gonflée comme une outre, imprimait une vitesse énorme, et le père Mathurin n'avait pas menti lorsqu'il avait annoncé que la *Thétis* se comportait bien au vent. Il eût été à souhaiter que Charles supportât aussi bien les coups de mer; mais il était loin d'en être ainsi, et chaque embardée lui arrachait un gémissement. Le père Mathurin, comprenant qu'il ne pouvait plus être question de chasse, avait redressé la barque, qui maintenant courait des bordées, se rapprochant insensiblement du port. La voile, comme l'aile d'un gcéland, effleurait parfois la crête des flots, et le plat-bord disparaissait sous l'écume. Charles, étendu, affalé, ne luttait plus; la mer l'avait réduit à merci; il ne cessait de geindre que pour souffrir plus terriblement encore. Le chien, étonné, regardait et flairait son maître; de temps à autre il dressait la tête, tendait le cou et faisait entendre un aboiement plaintif; puis il courait au père Mathurin comme pour implorer son aide et l'encourager à porter secours au malade.

Le vent, de plus en plus fort, dégénérait en ouragan, et le

marin commençait à serrer au plus près et à jeter un coup
d'œil scrutateur tantôt sur le ciel, tantôt sur la côte. Il sup-
putait la distance à parcourir et la force croissante du vent.
Son vieux flair de marin lui faisait assez comprendre que le
grain allait tourner en tempête, et que la *Thétis* allait avoir
à lutter contre forte partie. Déjà il venait de serrer son clin-
foc et s'apprêtait à diminuer sa grande voile; seulement il
était seul, l'homme qui était avec lui ne pouvant l'aider en
rien dans la manœuvre : or il était dangereux de lâcher en
même temps et la barre et la drisse; d'autre part, le vent

Goéland.

était trop fort pour songer à les amarrer. La situation devenait critique, et la frêle coque roulait sur les vagues tout en
se maintenant bien.

« Serons-nous bientôt arrivés? demanda Charles.

— J'en savons rien. Ce failli chien de vent augmente, et
j'voudrions ben un coup de main pour diminuer ma toile.

— Voulez-vous que je vous aide?

— Dame! not' bourgeois, ce ne serions point de trop de
deux paires de bras; mais si vous pouviez seulement tenir
la barre et avoir l'œil sur l'écoute, j'ferions ben le reste.

— Je vais essayer. »

Le père Mathurin, que l'inquiétude gagnait, aida Charles
à ramper jusqu'au banc d'arrière; il lui fit comprendre ce
qu'il attendait de lui et s'occupa ensuite à d'autres arrange-
ments.

Enfin, après trois mortelles heures, la *Thétis* rentra dans
le port. Charles, mouillé jusqu'aux os et incapable de faire

un mouvement, fut hissé à quai et traîné à son hôtel, où un thé énergique et du repos eurent bientôt raison de son mal.

Charles était tenace; il avait décidé qu'il chasserait à la mer, et, malgré ses débuts fâcheux, il recommença de nouvelles parties. Il fut vite aguerri, et maintenant le père Mathurin et lui sont une paire d'amis inséparables lorsqu'i s'agit d'une chasse à la mouette ou au goéland.

CHAPITRE X

ANECDOTES

La marchande d'œufs de Château-Thierry. — Le renard et le hérisson. —
L'intervention de saint Hubert. — La chasse imaginaire de Blücher. —
Le comédien Larive et le garde-chasse. — La vipère. — Le tzar Ivan.

Le renard étant, comme nous l'avons dit, un excellent
chasseur, plusieurs personnes ont eu l'idée de l'utiliser à la
chasse, après l'avoir apprivoisé et dressé. Il a quelquefois
servi de chien courant.

La Vallée raconte à ce sujet qu'un pharmacien de Château-
Thierry, ayant trouvé une portée de renardeaux, s'était amusé
à en nourrir un couple. La femelle mourut bientôt, mais le
mâle s'éleva bien. Il était docile, revenait au commandement
et se montrait même caressant. Lorsque le maître allait à la
chasse, le renard le suivait en compagnie d'une chienne de
Saint-Hubert, avec laquelle il vivait en parfaite intelligence.
Ce renard quêtait, donnait de la voix et relevait les défauts
avec patience. Le seul vice qu'on pût lui reprocher était un
vice héréditaire chez lui : il maraudait et volait sans besoin.
Ses larcins étaient nombreux et commis avec une grande
adresse. Pour n'en citer qu'un exemple, en voici un qui
donnera une idée des ruses dont il était capable.

L'officine du pharmacien était située rue du Château, en
face de la place du Marché.

La maison, qui faisait le coin de la place, avait sur la
rue deux soupiraux de cave, ouverts en forme de meurtrière
et très étroits; au-dessus, cinq pieds plus haut, s'ouvraient

les fenêtres du rez-de-chaussée. Devant cette maison, les jours de marché, se rangeaient les marchands d'œufs. Une marchande s'installait toujours à cette place, et s'occupait de vérifier ses œufs un à un, et chaque fois qu'elle en trouvait un fêlé, elle le posait à terre, derrière elle, le long du mur.

« Oh! grommela-t-elle un jour entre ses dents, deux douzaines sur moins d'un mille, tout ne sera pas profit! Enfin nous ferons une fameuse omelette. »

Puis, comme elle se retournait en se baissant pour ramasser ses œufs fêlés, elle fut fort étonnée de trouver la place vide :

« Ah ça! dit-elle à sa voisine, pas de mauvaise plaisanterie! rends-moi mes œufs.

— Eh! reprit l'autre, c'est qu'ils étaient couvés, les pétits seront partis.

— C'est bon! c'est bon! assez de bêtises; rends-moi mes œufs. »

La conversation ainsi engagée ne tarda pas à tourner à l'aigre, et les coups allaient succéder aux injures lorsque quelques commères s'interposèrent.

Le marché suivant la même scène recommença, et ce fut pis encore. On pensa que ce devait être quelque gamin du voisinage qui volait les œufs; on alla même jusqu'à soupçonner les clercs de l'huissier par qui le rez-de-chaussé était habité, et le marché d'après on plaça quelqu'un en observation en face de la marchande, afin de surprendre l'auteur du méfait.

Les œufs disparurent, et l'on ne vit rien.

Le samedi suivant, la malheureuse marchande mit ses œufs fêlés sous sa jupe, entre ses pieds. « Là, pensait-elle, on ne me les prendra pas sans que je m'en aperçoive. »

Au fur et à mesure que les œufs étaient mis dans la cachette, ils disparaissaient.

On cria à la magie, au sortilège, et beaucoup de gens ne voulurent plus rien acheter à la marchande. Enfin, un beau jour, tout fut découvert. Le voleur n'était autre que notre renard, qui se tenait blotti dans les meurtrières, qui passait sa tête, saisissait les œufs et se retirait, caché par les pieds et les jupons de la marchande, en même temps que par les paniers pleins d'œufs qu'elle avait autour d'elle.

Alonzo de Espinar rapporte un autre fait qui, s'il est vrai, tend à prouver que les renards espagnols ne le cèdent pas en ruse à leurs congénères de France.

Le renard est très friand de la chair du hérisson, nous apprend cet écrivain; mais celui-ci se met en boule dès qu'il aperçoit son ennemi, dans l'espoir que les dards dont il est environné le protégeront. Le renard de Alonzo de Espinar savait cependant fort bien se rendre maître de sa proie : de sa patte il retournait légèrement le hérisson; puis, quand il l'avait placé sur le dos, il le couvrait d'urine; le hérisson, suffoqué, détendait ses membres, et le renard, profitant de cette imprudence, le saisissait sous le ventre au moment où ses pointes ne le protégeaient plus.

Voilà un trait qui aurait fourni à La Fontaine la matière d'une jolie fable, s'il l'avait connu. Cependant il ne faut pas être trop affirmatif, et il ne faut trouver dans cette histoire, qui cependant peut être vraie, qu'une preuve de plus de l'astuce bien connue du renard.

Tout arrive à la chasse, et si le renard est trompeur, il y a malheureusement des hommes qui le sont aussi. Voici comment le grand saint Hubert sut punir un chasseur peu consciencieux.

L'histoire est relatée par le R. P. Mabillon.

Au temps jadis, les frères Alerau et Thierry possédaient en commun le comté des Ardennes. Ils étaient fort dévots à saint Hubert; mais Jamenold, leur premier veneur, n'imitait pas leur louable piété. Un jour qu'en l'absence de ses maîtres, il conduisait une chasse dont la première prise avait été promise au saint, on commença par attaquer un sanglier de quatre ans. Au bout d'une heure l'animal, comme s'il eût voulu s'offrir aux coups et s'immoler de lui-même, fit tête aux chiens contre les murs de l'abbaye d'Audoin, où un ordre de moines recevait les offrandes à saint Hubert. Il fut bientôt coiffé par deux dogues, et Jamenold lui enfonça son couteau de chasse au défaut de l'épaule gauche; puis l'ingrat, oubliant l'assistance qu'il avait reçue du ciel, car la meute n'avait fait aucune perte, dit en s'adressant à ses compagnons : « Ma foi, il est trop beau pour saint Hubert, et le saint nous aidera à en prendre un autre. »

A peine avait-il dit ces mots, que le sanglier se relève, découd deux chiens, renverse un homme et prend la fuite, laissant bien penauds chiens et chasseurs. Ils se mirent à le poursuivre; mais, après deux heures de fatigue, ils tombèrent à bout de voie, et depuis oncques ne le revirent.

Ce fait s'est passé à une époque bien éloignée; cependant il ne trouvera pas d'incrédules, puisqu'une chasse bien plus merveilleuse encore a eu lieu il y a près d'un siècle. Saint Hubert a rendu la force de fuir à une bête encore chaude, lorsqu'elle venait d'être tuée. Il est vrai que la ruse des veneurs fut pour beaucoup dans le miracle.

A l'époque où les nations coalisées avaient envahi notre sol, et où, considérées comme alliées par une partie' de la population, elles n'en traitaient pas moins tout le monde avec une égale insolence, le feld-maréchal Blücher s'était montré un de nos persécuteurs les plus acharnés. Il avait enlevé, lacéré et détruit des objets d'art, des tableaux et des portraits qui décoraient le château de Saint-Cloud. Ce général quitta peu après Saint-Cloud pour établir son quartier général à Rambouillet. Il aimait la chasse et surtout la venaison; aussi, pour entretenir son garde-manger bien approvisionné, mettait-il fréquemment en réquisition les gardes forestiers. Il lui fallait du gibier, et, chaque fois qu'on tardait à le contenter, il menaçait de faire désarmer les gardes de la forêt. La perte de leurs armes eût été pour ces braves gens un chagrin mortel; Blücher le savait, aussi la menace n'en revenait-elle que plus fréquemment sur ses lèvres.

Un soir, en sortant de table, il fit demander trois sangliers à M. de Lharmina, inspecteur de la forêt. Il déclara qu'il les lui fallait dans les vingt-quatre heures, parce qu'il attendait l'arrivée de quelques-uns des principaux officiers de l'armée prussienne.

La chose était difficile.

Cependant, après une chasse pénible, on parvint à en tuer deux : l'un ragot, l'autre venant à son tiersan. Les chasseurs les déposèrent chez un garde, pour qu'il les conservât au frais dans sa cave. Puis M. de Lharmina fit part au général du résultat de sa chasse.

Les aides de camp firent observer qu'il eût été sans doute beaucoup plus agréable pour les officiers qui arrivaient d'assister à la chasse, et de forcer eux-mêmes le gibier qu'on voulait leur offrir.

« C'est vrai, dit Blücher; mais on peut recommencer. Qu'on prenne des mesures afin que demain tout soit prêt pour chasser.

— Général, dit M. de Lharmina, il faudrait au moins un jour de repos aux hommes, aux chiens et surtout aux chevaux.

— J'ai dit pour demain.

— Mais le vautrait est exténué de fatigue.

— Qu'on donne double ration à la meute.

— Mais demain les chiens seront muets.

— Les veneurs les appuieront de la trompe.

— Les hommes ont chassé toute la journée, les chevaux sont sur la litière.

— Je prêterai des chevaux.

— Mais, Monseigneur, on ne connaît pas d'autre sanglier dans le pays.

— On en trouvera, ou je fais désarmer les gardes. »

Le cas était difficile. Il n'y avait plus de sangliers, et tous, bêtes et gens, étaient rendus. Cependant le feld-maréchal voulait chasser : il fallait trouver une ruse. Faute de mieux, on résolut de faire chasser aux Prussiens les sangliers tués la veille. Ce n'était pas sans danger, car les grands n'aiment pas qu'on se joue d'eux, surtout en pays conquis. Les plus grandes précautions étaient donc commandées par la simple prudence. On se distribua les rôles.

L'endroit où les sangliers feront la nuit est indiqué. L'enceinte où ils seront rembuchés est désignée. Le veneur qui doit faire le laisser-courre est choisi, ainsi que le nom de son limier. Les carrefours, les étangs, les débuchés, sont prévus; rien n'est omis. On ferait voir aux chasseurs curieux quelques voies de la veille. On recommande la plus grande vitesse aux débuchés; on prescrit de sonner souvent, de marquer beaucoup d'ardeur et même, au besoin, de brusquer les personnes qui ne feraient pas place aux veneurs. Enfin les mille petits détails qui font le charme d'une chasse furent laissés à la sagacité de chaque personnage.

Le lendemain, à dix heures du matin, l'état-major et les conjurés se trouvèrent au lieu du rendez-vous, qui avait été indiqué au carrefour du Faon. Tout le monde était exact, excepté les valets de limiers ; enfin trois parurent n'ayant rien trouvé, le quatrième arriva ensuite et fit le rapport suivant :

« Dès la pointe du jour, je mets le long de la plaine de la Vallée noire, vers le clos Martin ; mon chien Miraut se rabat. Le revoir était mauvais. Je pousse en plaine, et je ne tarde pas à reconnaître que je suis sur la trace d'un sanglier ragot. Arrivé sur un champ de pommes de terre appartenant au père Thomas, j'ai connaissance d'un second venant à son tiers-an. Je m'occupe de suivre ces deux animaux, et je parviens à les détourner dans l'enceinte du Long-Buisson ; mais, ayant eu connaissance du trait, ils vident, et je n'ai pu parvenir à les détourner de nouveau que vers huit heures du matin, le ragot dans l'enceinte de la Fosse-au-Renard, et l'autre dans le petit bois des Moines. »

On tomba d'accord que l'on chasserait d'abord le second, qui était le plus grand.

On va aux brisées, on découple la meute, et aussitôt l'animal est attaqué. On sonne fanfare : les éclats de la trompe se mêlent aux cris des chasseurs qui animent les chiens. Enfin, comme si la meute eût reçu le mot, elle s'enlève en donnant à pleine gorge. Plus loin on sonne la vue ; eufin tout présage une belle chasse. Le général prussien était radieux, et cependant tout ce vacarme avait lieu pour un... lapin.

Après avoir, quatre heures durant, promené Blücher au galop dans les plus mauvais chemins, M. de Lharmina lui indiqua un endroit d'où il pourrait suivre la chasse. Blücher, enchanté, accepta.

« Je vous promets que M. Bourdon rapportera la trace ; c'est le plus intrépide chasseur que je connaisse.

— Il la rapportera, reprit le feld-maréchal, pourvu que saint Hubert lui soit en aide.

— Monseigneur, c'est saint Antoine qu'il faut invoquer.

— Je croyais que saint Hubert était le seul patron des chasseurs et du gibier.

— Saint Antoine protège le sanglier.

— Je n'avais jamais entendu parler de cela.

Le sanglier.

— Monsieur, dit M. de Lharmina, c'est un fait historique rapporté par les chroniques espagnoles. Don Sanche le Grand, roi de Léon et de Castille, était un grand amateur de chasse. Un jour qu'il poursuivait un sanglier, l'animal se réfugia dans l'enceinte d'une petite chapelle consacrée à saint Antoine, dont il ne restait plus que des ruines. Le roi, sans faire attention que le sanglier s'etait acculé à l'autel, voulut le percer de son épieu; mais saint Antoine paralysa son bras, qui resta levé sans pouvoir quitter cette position. Don Sanche implora aussitôt le pardon du saint, qui lui accorda sa guérison. En mémoire de cet événement, le roi fit élever en cet endroit la ville de Palencia. »

Puis l'inspecteur, qui était un homme d'esprit, conta encore plusieurs traits de chasse, ce qui fit qu'on resta en cet endroit plus d'une heure sans s'apercevoir de la longueur du temps.

Cependant deux jeunes officiers voulaient absolument assister à l'hallali. Ce n'était point l'affaire de M. de Lharmina.

« Quels beaux chevaux vous montez, Messieurs!

— Ils nous coûtent assez cher. »

Muni de ce renseignement, l'inspecteur les fit galoper tant et si bien, que leurs montures étaient couvertes de sueur; puis, les menant devant un étang, il y fit entrer son cheval. Les officiers, craignant pour leurs bêtes, ne voulurent pas les y risquer et firent un long détour.

Enfin les veneurs ont réussi à écarter toute la chasse. On sonne l'hallali par terre, et le pied est retiré de la poche de l'un d'eux pour décorer le couteau de l'inspecteur. On le porte à Blücher, qui déclare n'avoir jamais assisté à une aussi belle chasse.

On proposa au maréchal de courre le ragot découvert le matin, mais il fit observer que les chevaux étaient bien fatigués et qu'il vaudrait mieux le traquer.

Le signal est donné, et la battue commence; bientôt on entend deux coups de fusil.

« Qui a tiré?

— C'est le garde Brossard. »

Dix minutes s'écoulent, et ce brave chasseur arrive suivi de son chien. Il porte la trace qu'on lui avait remise avant de commencer la traque. Blücher s'émerveille sur le jugement porté le matin par le valet de limier, et déclare que l'âge concorde. On lui fit ensuite présenter les corps des deux bêtes qu'il toucha.

Le soir on mangea les deux sangliers, sans plus se souvenir qu'il aurait dû y en avoir quatre, et c'est ainsi que furent joués les Prussiens, qui assistèrent à une chasse qui n'exista jamais que dans leur imagination.

De tout temps les chasseurs eurent l'esprit ouvert et madré; ils appliquaient leur intelligence à déjouer les ruses du gibier, à tromper l'ennemi, comme dans l'histoire qui précède, ou à se tirer des griffes des gardes; témoin l'aventure de Larive, qui était aussi bon chasseur que fin comédien.

Un jour qu'il chassait dans une enceinte privée, il fut abordé par un garde :

« De quel droit chassez-vous sur les terres de M. le comte de X? »

Et Larive, se posant en héros de théâtre, répond comme *Mahomet :*

> Du droit qu'un esprit vaste et ferme en ses desseins
> A sur l'esprit grossier des vulgaires humains.

— Ah!... Monsieur!... c'est différent, » dit le garde stupéfié par la redondance que l'acteur avait mise en déclamant les deux alexandrins.

Si les chasseurs abusent volontiers de leur intelligence pour leurrer moins malin qu'eux, ils sont aussi quelquefois bien contents de profiter de l'expérience d'autrui.

On a souvent besoin d'un plus petit que soi, dit la Fable; voici un fait qui donne une fois de plus raison à la Fontaine.

Un jour M*** chassait dans une forêt peu éloignée de Paris; il était seul, et sa pensée était préoccupée de tout autre chose que de la chasse. Son fusil, qu'il portait derrière l'épaule, accroché par la bretelle, n'était peut-être même pas chargé. Tout à coup le promeneur sentit une piqûre à la jambe, vers le milieu du mollet. La douleur et surtout la surprise lui arrachèrent un cri, qui attira un pauvre bûcheron qui travaillait non loin de là.

« Quoi qu'y a, not' bon monsieur? demanda-t-il aussitôt.

— Je ne sais trop, mon ami, cependant j'ai dû être piqué par une bête quelconque.

— Faut voir ça, not' bon monsieur, faut voir. » Et, joignant le geste à la parole, le paysan avait relevé le pantalon de M*** et mis la piqûre à nu.

Vipère.

« Je croyons ben que vous avez été piqué; c'est eune belle et bonne vipère, mêmement.

— Comment! une vipère, s'écria le chasseur, mais c'est grave, ce que vous dites là; il me faudrait de l'alcali, et je n'en ai pas.

— Ben certainement que vous n'en avez pas, not' bon monsieur, et puis vous auriez 'cor' ben du chemin à faire pour en trouver.

— Mais alors je suis perdu! s'écria M***, que la terreur commençait à envahir.

— Non, du tout; faut retrouver la vipère, v'là tout. » Et, se mettant en quête, le paysan fit le tour des environs, battant les ronces et remuant les pierres.

« J' l'avons, clama-t-il bientôt; ah! s'n affaire est bonne! »

En effet, d'un coup de sabot sur la tête l'homme avait tué la bête; puis, sans perdre de temps, il lui avait ouvert le ventre, et en avait retiré une partie qu'il s'apprêtait à placer, maintenue par un linge, sur la jambe de M***.

« Que faites-vous là? quelle sornette est-ce que vous me racontez?

— Oh! laissez-moi faire, ceci c'est point des sornettes, c'est un bon remède qui vous guérira. Nous aut', gens des bois, nous connaissons ça, les vipères, et nous savons comment il faut guérir leurs mauvaisetés. Eh ben, vous pouvez me croire, not' bon monsieur, dans deux heures vous ne vous sentirez plus de rien. »

Le paysan disait vrai. L'*amer* des entrailles de la vipère est le plus sûr remède contre les morsures de ce reptile; appliqué sur la piqûre, c'est un antidote plus certain que l'alcali, que, de plus, on n'a pas toujours sous la main. Isidore Geoffroy Saint-Hilaire l'a indiqué; mais les paysans, qui, par habitude et par besoin, sont obligés de se prémunir et de se défendre contre les vipères, abondantes dans certaines contrées, l'avaient trouvé avant lui.

Que les chasseurs, gens exposés à ces rencontres, se souviennent de cette propriété qu'a la vipère de guérir le mal qu'elle a causé; qu'ils fassent part du remède à leurs amis, et surtout qu'ils ne perdent pas de temps à l'appliquer, le cas échéant. L'important est de retrouver le reptile au plus vite, de le tuer, et de se faire un bandage avec un mouchoir enduit de l'amer qu'on a extrait du corps de l'animal. Ensuite on peut dormir tranquille, le mal est réparé.

Si le chasseur qui revient chez lui blessé, ou piqué par une vipère, peut à bon droit se montrer peu satisfait, il n'en est pas de même du chasseur malheureux qui revient bredouille. En thèse générale, le second est d'aussi méchante humeur que le premier, quoiqu'il soit le plus souvent l'unique auteur de son sort; sa maladresse est seule responsable.

L'histoire donne quelques exemples de la façon dont se traduisit cet accès d'humeur chez de grands personnages. C'est ainsi qu'Ivan, fils d'Ivan le Terrible, empereur de Russie, ayant manqué un lièvre dans les environs de Moscou, frappa d'un impôt de 30,000 roubles les nobles de cette ville, afin de se consoler de sa propre maladresse.

En France, un haut et puissant seigneur tomba de cheval pendant une chasse au sanglier. Cet accident faillit lui coûter la vie, car l'animal furieux allait l'éventrer sans l'arrivée des chiens. Un paysan, un serf, avait été témoin de la chose; le seigneur, dépité de sa chute, fit saisir le manant et le fit bâtonner.

Ce sont là des exemples que nous donnons pour faire comprendre combien est ridicule la colère des chasseurs que la chance n'a pas favorisés.

VOCABULAIRE

DES PRINCIPAUX TERMES EMPLOYÉS EN VÉNERIE

Abatis, nom que l'on donne aux traces laissées par les bêtes fauves, en passant dans les taillis et en brisant les branchages.

Abattures, nom donné aux foulures laissées sur l'herbe et dans les taillis par les pieds ou la tête du gibier.

Abois. On appelle cerf aux abois celui qui, épuisé, s'arrête et fait tête aux chiens.

Accul, extrémité d'un terrier.

Aiguillon, pointe des fumées du cerf; les fumées qui offrent cette configuration sont dites aiguillonnées.

Aller au vent, se dit d'un chien qui chasse en tenant le nez haut.

Aller au gagnage, se dit de toute bête qui, sortant du bois, va viander ou manger dans les champs.

Aller d'assurance, se dit en parlant d'une bête qui marche d'un pas tranquille, et sans être effrayée.

Ameuter, mettre les chiens en meute.

Andouillers, nom donné aux branches latérales du bois d'un cerf, d'un daim ou d'un chevreuil.

Appuyer, se dit en parlant des chiens, lorsqu'on les excite à son de trompe ou à l'aide de cris.

Armures, la peau qui couvre les épaules du sanglier.

Attaquer, lancer une bête.

Battre. Une bête se fait battre lorsqu'elle randonne longtemps dans la même enceinte.

Battue, chasse faite aux moyens de traqueurs ou rabatteurs, où les chasseurs attendent la bête.

Bauge, endroit où se retire le sanglier.

Bellement, commandement pour modérer l'ardeur des chiens.

Bêtes fauves, nom donné aux cerfs, daims et chevreuils.

Bêtes noires, le sanglier de tout âge et de tout sexe.

Bêtes de compagnie, le sanglier de un à deux ans.

Bêtes carnassières, les loups, renards, blaireaux, etc.

Bêtes rousses, le sanglier de six mois à un an.

Billebaude. Chasser au hasard dans un bois qui n'a pas été visité par le limier, s'appelle chasser à la billebaude.

Bois, cornes du cerf, du daim et du chevreuil.

Bois (faire le), aller au bois avec un limier, pour trouver la bête et la détourner.

Bonnet carré, nom que l'on donne au bois du cerf lorsqu'il commence à pousser, et qu'il est à hauteur des oreilles.

Bousards, nom donné aux fumées de cerf lorsqu'elles sont sans consistance, comme de la fiente de vache.

Boutis, traces laissées dans la terre par le boutoir.

Boutoir, nez du sanglier.

Bramer, action de crier pour le cerf.

Bricoler. Lorsqu'un chien suit mal une voie et qu'il s'écarte à droite et à gauche, on dit qu'il bricole.

Brisées, nom donné aux branches brisées, que le veneur plante en terre, pour reconnaître la voie que l'animal a suivie.

Brocard, chevreuil mâle.

Buisson creux, buisson désigné par le valet de limier comme servant d'abri à une bête, et que les chasseurs trouvent vide.

Chandelier. Faire chandelier se dit du lièvre qui s'arrête et se dresse pour écouter les chiens.

Change. Le change est l'erreur que commettent les chasseurs lorsqu'après avoir lancé une bête, ils en courent une autre.

Chevilles, branches latérales, qui ornent la tête des cerfs, daims et chevreuils.

Chevillard, nom donné au faon du chevreuil, jusqu'à l'âge de six mois.

Clabaud, un chien qui aboie sans motif.

Clés de meute, vieux chiens de meute, dont l'expérience relève les défauts commis par les jeunes.

Coiffer. Un sanglier est coiffé lorsque les chiens le saisissent aux oreilles.

Connaissance. Un veneur prend les connaissances lorsque, par les traces de toute nature, il juge le sexe et l'âge de la bête.

Contrepied. Prendre le contrepied, c'est suivre les traces d'une bête en sens inverse à la direction qu'indiquent ces traces.

Coulées, petit sentier fréquenté par les lièvres, lapins et autre gibier.

Courre, en vénerie, syn. de courir.

Curée. La curée consiste à donner à la meute tout ou partie de l'animal porté à terre. Il y a deux espèces de curées : la curée chaude, faite sur place, et la froide, qui ne se donne aux chiens qu'une fois au chenil.

Dagues, le premier bois qui pousse au cerf, au daim ou au chevreuil, pendant la seconde année.

Daguet, cerf de seconde année.

Déboulé, tirer un lièvre ou un lapin au déboulé, c'est-à-dire lorsqu'il prend sa course.

Débucher, sortir du bois, en parlant du gibier.

Décousures, blessures faites au chien, soit par les défenses du sanglier, soit par les andouillers du cerf.

Défaut. Le défaut est la perte de la voie de l'animal chassé.

Défenses, les deux dents qui sortent du groin du sanglier.

Dix-cors, cerf, ou daim, ou chevreuil de sept ans ; à six ans, on donne le nom de dix-cors jeunement.

Enceinte, partie d'un bois entourée de chemins.

Ergot, ongle du lièvre, du lapin et du renard.

Erres, voies du cerf.

Éventer, se dit d'un chien lorsque, sans flairer la terre, il deviné l'endroit où se trouve le gibier.

Faire la nuit. Le gibier fait sa nuit lorsqu'il sort du bois, le soir, pour aller viander dans les champs.

Faire tête. Un fauve fait tête aux chiens lorsque, fatigué, il s'accule et se défend avec sa tête.

Fanfare, sonnerie de trompe.

Fientes, nom donné aux excréments des bêtes puantes, telles que renard, blaireau et fouine.

Fins. Une bête est sur ses fins lorsque la fatigue l'empêche de courir, et qu'elle est près d'être forcée.

Flâtrer. Un animal se flâtre lorsqu'il se couche sur l'herbe, dans l'espoir que les chiens le dépasseront sans l'apercevoir.

Forlonger. Se forlonger se dit d'une bête qui met une grande distance entre elle et les chiens.

Fort, espace fourré où une bête se retire pendant la journée.

Frayoir, arbre contre lequel les cerfs frottent leur bois, pour le dépouiller de la végétation qui le recouvre après le refait.

Fumées, excréments des cerf, biche, daim et daine.

Hallali, victoire; sonnerie de trompe au moment où la bête est forcée. Il y a l'hallali courant et l'hallali par terre.

Hardes, troupeau de bêtes sauvages.

Hourvari, retour de la bête sur sa voie.

Hure, tête de sanglier.

Laissées, fientes du loup et du sanglier.

Lancé, lieu et moment où l'animal est mis debout et part.

Larmiers, nom donné aux deux plis que le cerf a sous les yeux, et par où s'écoule un liquide qu'on appelle les larmes du cerf.

Limier, chien qui n'aboie pas et qui aide le veneur à trouver la piste d'une bête que l'on veut chasser.

Liteau, gîte du loup.

Livrée, robe des faons jusqu'à l'âge de six mois.

Louvart, loup de deux ans.

Mangeures. Le loup et le sanglier font des mangeures, c'est-à-dire qu'ils vont manger.

Marcassin, nom donné au sanglier jusqu'à l'âge de six mois.

Marche, la voie du loup.

Massacré, la tête du cerf, du daim ou du chevreuil.

Merrains, perches de la tête du cerf, du daim et du chevreuil, d'où sortent les andouillers.

Miré, sanglier de cinq ans.

Moquettes, fumées du chevreuil.

Piqué, empreinte du pied d'une grosse bête.

Porter la hotte. Un lièvre porte la hotte lorsqu'il fait le gros dos; c'est un signe qu'il est sur ses fins.

Ragot, sanglier qui n'est plus bête de compagnie, mais qui n'a pas encore trois ans.

Randonnée, détours et circuits que fait une bête près de l'endroit où elle a été lancée.

Raser, syn. de flâtrer.

Ravaler. Un cerf ravale lorsque son bois ne marque plus son âge et qu'il est vieux.

Régalis, place que les chevreuils ont grattée avec leurs pieds.

Relais, chiens placés à divers postes, pour remplacer les autres chiens et suivre la bête.

Rembucher. Le cerf rembuche lorsqu'il rentre au bois.

Retraite, fanfare que l'on sonne au retour de la chasse.

Rompre les chiens, les détourner de la bête qu'ils suivent.

Sentiment, odeur du gibier.

Servir la bête. C'est tuer la bête, soit avec le couteau de chasse, soit avec le fusil.

Solitaire, vieux sanglier.

Souille, endroit boueux où s'est couché le sanglier.

Tayaut, cri de chasse qui indique que la bête est en vue.

Trait, corde par laquelle on retient le limier.

Vautrait, équipage ou meute pour la chasse du sanglier.

Viander. Le cerf, le daim et le chevreuil viandent; ils ne mangent pas.

Voie, endroit où un gibier est passé. La voie est dite *de bon temps, chaude* ou *légère,* selon qu'elle a été fréquentée par l'animal depuis une ou deux heures, tout récemment ou depuis longtemps.

APPENDICE

—⁂—

LOI SUR LA POLICE DE LA CHASSE

(3 mai 1844. — 24 janvier 1874.)

ARTICLE 1er

Nul ne pourra chasser, sauf les exceptions ci-après, si la chasse
n'est pas ouverte et s'il ne lui a pas été délivré un permis de chasse
par l'autorité compétente. Nul n'aura la faculté de chasser, sur la propriété d'autrui, sans le consentement du propriétaire ou de ses ayants
droit.

ARTICLE 2

Le propriétaire ou possesseur peut chasser ou faire chasser en tous
temps, sans permis de chasse, dans ses possessions attenant à une habitation et entourées d'une clôture continue, faisant obstacle à toute communication avec les héritages voisins.

ARTICLE 3

Les préfets détermineront, par des arrêtés publiés au moins dix jours
à l'avance, l'époque des ouvertures et celle des clôtures des chasses,
soit à tir, soit à courre, à cor et à cris, dans chaque département.

ARTICLE 4

Dans chaque département, il est interdit de mettre en vente, de
vendre, d'acheter, de transporter et de colporter du gibier pendant le
temps où la chasse n'y est pas permise. En cas d'infraction à cette disposition, le gibier sera saisi et immédiatement livré à l'établissement
de bienfaisance le plus voisin, en vertu soit d'une ordonnance du juge

de paix, soit d'une autorisation du maire si le juge de paix est absent
ou si la saisie a été faite dans une commune autre que celle du chef-lieu.
Cette ordonnance sera délivrée sur la requête des agents ou gardes
qui auront opéré la saisie et sur la présentation du procès-verbal régu-
lièrement dressé.

La recherche du gibier ne pourra être faite à domicile que chez les
aubergistes, les marchands de comestibles, et dans les lieux ouverts au
public.

Il est interdit de prendre ou détruire sur le terrain d'autrui des œufs
et des couvées de faisans, de perdrix et de cailles.

ARTICLE 5

Les permis de chasse seront délivrés, sur l'avis du maire et du sous-
préfet, par le préfet du département dans lequel celui qui en fera la
demande aura sa résidence ou son domicile.

La délivrance des permis de chasse donnera lieu au payement d'un
droit de quinze francs au profit de l'État et de dix francs au profit de la
commune, dont le maire aura donné l'avis énoncé au paragraphe précédent.

Les permis de chasse seront *personnels;* ils seront valables pour
toute l'étendue de la République et pour un an seulement.

ARTICLE 6

Le préfet pourra refuser le permis de chasse : 1° à tout individu
majeur qui ne sera point personnellement inscrit, ou dont le père ou
la mère ne serait pas inscrit au rôle des contributions; 2° à tout individu qui, par une condamnation judiciaire, a été privé de l'un ou de
plusieurs des droits énoncés dans l'article 42 du Code pénal, autres que
le droit de port d'armes; 3° à tout condamné à un emprisonnement de
plus de six mois, pour rébellion ou violences envers les agents de l'autorité publique; 4° à tout condamné pour délit d'association illicite, de
fabrication, débit, distribution de poudre, armes ou autres munitions
de guerre; de menaces écrites ou verbales avec ou sans conditions;
d'entraves à la circulation des grains; de dévastation d'arbres ou de
récoltes sur pied, de plants venus naturellement ou faits de main
d'homme; 5° à ceux qui auront été condamnés pour vagabondage,
mendicité, vol, escroqueries ou abus de confiance.

La faculté de refuser le permis de chasse aux condamnés dont il est
question aux paragraphes 3, 4 et 5, cessera cinq ans après l'expiration
de la peine.

ARTICLE 7

Le permis de chasse ne sera pas délivré : 1° aux mineurs qui n'auront pas seize ans accomplis; 2° aux mineurs de seize à vingt et un ans,
à moins que le permis ne soit demandé pour eux par leur père, mère,

tuteur ou curateur porté au rôle des contributions; 3° aux interdits;
4° aux gardes forestiers des communes et établissements publics, ainsi
qu'aux gardes forestiers de l'État et aux gardes-pêche.

ARTICLE 8

Le permis de chasse ne sera pas accordé : 1° à ceux qui, par suite
de condamnations, sont privés du droit de port d'armes; 2° à ceux qui
n'auront pas exécuté les condamnations prononcées contre eux pour
l'un des délits prévus par la présente loi; 3° à tout condamné placé
sous la surveillance de la haute police.

ARTICLE 9

Dans le temps où la chasse est ouverte, le permis donne à celui qui
l'a obtenu le droit de chasser de jour, soit à tir, soit à courre, à cor et
à cris, suivant les distinctions établies par les arrêtés préfectoraux, sur
ses propres terres et sur les terres d'autrui, avec le consentement de
celui à qui le droit de chasse appartient. Tous les autres moyens de
chasse, à l'exception des furets et des bourses destinés à prendre le
lapin, sont formellement prohibés.

Néanmoins, les préfets des départements, sur l'avis des conseils
généraux, prendront des arrêtés pour déterminer: 1° l'époque de la
chasse des oiseaux de passage autres que la caille, la nomenclature des
oiseaux et les modes et procédés de chasse pour les diverses espèces;
2° le temps pendant lequel il sera permis de chasser le gibier d'eau
dans les marais, sur les étangs, fleuves ou rivières; 3° les espèces
d'animaux malfaisants ou nuisibles que le propriétaire, possesseur ou
fermier, pourra en tout temps détruire sur ses terres, et les conditions
de l'exercice de ces droits, sans préjudice du droit appartenant au propriétaire ou fermier, de repousser ou de détruire, même avec des armes
à feu, les bêtes fauves qui porteraient dommage à ses propriétés.

Ils pourront prendre également des arrêtés : 1° pour prévenir la destruction des oiseaux ou pour favoriser leur repeuplement; 2° pour
autoriser l'emploi des chiens lévriers à la destruction des animaux
malfaisants ou nuisibles; 3° pour interdire la chasse pendant le temps
de la neige.

ARTICLE 10

Des ordonnances détermineront la gratification qui sera accordée aux
gardes et gendarmes rédacteurs de procès-verbaux, ayant pour but de
constater des délits.

ARTICLE 11

Seront punis d'une amende de 16 à 100 francs :

1° Ceux qui auront chassé sans permis de chasse;

2° Ceux qui auront chassé sur le terrain d'autrui sans le consentement du propriétaire. L'amende pourra être portée au double si le

délit a été commis sur des terres non dépouillées de leurs fruits, ou s'il a été commis sur un terrain entouré d'une clôture continue, faisant obstacle à toute communication avec les héritages voisins, mais non attenant à une habitation. Pourra ne pas être considéré comme délit de chasse le fait de passage de chiens courants sur l'héritage d'autrui, lorsque ces chiens seront à la suite d'un gibier lancé sur la propriété de leurs maîtres, sauf l'action civile, s'il y a lieu, en cas de détonation;

3° Ceux qui auront contrevenu aux arrêtés des préfets concernant les oiseaux de passage, gibier d'eau, la chasse en temps de neige, l'emploi des chiens lévriers, ou aux arrêtés concernant la destruction des oiseaux ou celle des animaux nuisibles ou malfaisants;

4° Ceux qui auront pris ou détruit, sur le terrain d'autrui, des œufs ou couvées de faisans, de perdrix ou de cailles.

5° Enfin les fermiers de la chasse, soit dans les bois soumis au régime forestier, soit sur les propriétés dont la chasse est louée au profit des communes ou établissements publics, qui auront contrevenu aux clauses et conditions de leur cahier des charges, relatives à la chasse.

ARTICLE 12

Seront punis d'une amende de 50 à 200 francs et pourront en outre l'être d'emprisonnement de six jours à deux mois : 1° ceux qui auront chassé en temps prohibé; 2° ceux qui auront chassé pendant la nuit ou à l'aide d'engins et d'instruments prohibés ou par d'autres moyens que ceux qui sont autorisés par l'article 9 ; 3° ceux qui seront détenteurs ou ceux qui seront trouvés munis ou porteurs, hors de leur domicile, de filets, engins ou autres instruments de chasse prohibés ; 4° ceux qui, en temps où la chasse est prohibée, auront mis en vente, vendu, acheté, transporté ou colporté du gibier; 5° ceux qui auront employé des drogues ou appâts qui sont de nature à enivrer le gibier ou à le détruire; 6° ceux qui auront chassé avec appeaux, appelants ou chanterelles.

Les peines déterminées par le présent article pourront être portées au double contre ceux qui auront chassé pendant la nuit sur le terrain d'autrui, et par l'un des moyens spécifiés au paragraphe 2, si les chasseurs étaient munis d'une arme apparente ou cachée.

Les peines déterminées par l'article 11 et par le présent article seront toujours portées au maximum lorsque les délits auront été commis par les gardes champêtres ou forestiers des communes, ainsi que par les gardes forestiers de l'État et des établissements publics.

ARTICLE 13

Celui qui aura chassé sur le terrain d'autrui sans son consentement, si ce terrain est attenant à une maison habitée ou servant à l'habitation, et s'il est entouré d'une clôture faisant obstacle à toute communication avec les héritages voisins, sera puni d'une amende de 50 à 300 francs et pourra l'être d'un emprisonnement de six jours à trois mois.

Si le délit a été commis pendant la nuit, le délinquant sera puni d'une amende de 100 à 1000 francs et pourra l'être d'un emprisonnement de trois mois à deux ans, sans préjudice dans l'un ou l'autre cas, s'il y a lieu, de plus fortes peines prononcées par le Code pénal.

ARTICLE 14

Les peines déterminées par les trois articles qui précèdent pourront être portées au double, si le délinquant était en état de récidive et s'il était déguisé ou masqué, s'il a pris un faux nom, s'il a usé de violence envers les personnes, ou s'il a fait des menaces, sans préjudice, s'il y a lieu, de plus fortes peines prononcées par la loi.

Lorsqu'il y aura récidive, dans les cas prévus par l'article 11, la peine de l'emprisonnement de six jours à trois mois pourra être appliquée, si le délinquant n'a pas satisfait aux condamnations précédentes.

ARTICLE 15

Il y a récidive lorsque, dans les douze mois qui ont précédé l'infraction, le délinquant a été condamné en vertu de la présente loi.

ARTICLE 16

Tout jugement de condamnation prononcera la saisie des filets, engins et autres instruments défendus. Il ordonnera en outre la destruction des instruments de chasse prohibés. Il prononcera également la confiscation des armes, excepté dans le cas où le délit aura été commis muni d'un permis de chasse, dans le temps où la chasse est autorisée.

Si les armes, filets, engins ou autres instruments de chasse, n'ont pas été saisis, le délinquant sera tenu à les représenter ou à en payer la valeur, suivant la fixation qui en sera faite par le jugement, sans qu'elle puisse être au-dessous de 50 francs.

Les armes, engins ou autres instruments de chasse, abandonnés par les délinquants restés inconnus, seront saisis et déposés au greffe du tribunal compétent. La confiscation et, s'il y a lieu, la destruction, en seront ordonnés sur le vu du procès-verbal.

Dans tous les cas, la quotité des dommages-intérêts est laissée à l'appréciation des tribunaux.

ARTICLE 17

En cas de conviction de plusieurs délits prévus par la présente loi, par le code pénal ordinaire ou par les lois spéciales, la peine la plus forte sera seule prononcée.

Les peines encourues pour des faits postérieurs à la déclaration du procès-verbal de contravention pourront être cumulées, s'il y a lieu, sans préjudice des peines de la récidive.

ARTICLE 18

En cas de condamnation pour les délits prévus par la présente loi, les tribunaux pourront priver les délinquants du droit d'obtenir un permis de chasse, pour un temps qui n'excédera pas cinq ans.

ARTICLE 19

La gratification mentionnée à l'article 10 sera prélevée sur le produit des amendes. Le surplus desdites amendes sera distribué aux communes sur le territoire desquelles l'infraction aura été commise.

ARTICLE 20

L'article 463 du Code pénal ne sera pas applicable aux délits prévus par la présente loi.

ARTICLE 21

Les articles prévus par la présente loi seront prouvés, soit par procès-verbaux ou rapports, soit par témoins, à défaut de procès-verbaux ou rapports, ou à leur appui.

ARTICLE 22

Les procès-verbaux des maires et adjoints, commissaires de police, officiers, maréchaux-des-logis ou brigadiers de gendarmerie, gendarmes, gardes forestiers, gardes pêche, gardes champêtres ou gardes assermentés des particuliers, feront foi jusqu'à preuve contraire.

ARTICLE 23

Les procès-verbaux des employés des contributions indirectes et des octrois feront également foi jusqu'à preuve du contraire, lorsque, dans la limite de leurs attributions respectives, ces agents rechercheront et constateront les délits prévus par le § 1er de l'article 4.

ARTICLE 24

Dans les vingt-quatre heures du délit, les procès-verbaux des gardes seront, à peine de nullité, affirmés par les rédacteurs, devant le juge ou l'un de ses suppléants, ou devant le maire ou l'adjoint, soit de la commune de leur résidence, soit de celle où le délit aura été commis.

ARTICLE 25

Les délinquants ne pourront être saisis ni désarmés; néanmoins, s'ils sont déguisés ou masqués, s'ils refusent de faire connaître leurs noms ou s'ils n'ont pas de domicile connu, ils seront conduits immédiatement devant le maire ou le juge de paix, lequel s'assurera de leur individualité.

ARTICLE 26

Tous les délits prévus par la présente loi seront poursuivis d'office par le ministère public, sans préjudice du droit conféré aux parties lésées, par l'article 182 du code d'instruction criminelle. Néanmoins, dans le cas de chasse sur le terrain d'autrui sans le consentement du propriétaire, la poursuite d'office ne pourra être exercée par le ministère public, sans une plainte de la partie intéressée, qu'autant que le délit aura été commis dans un terrain clos, suivant les termes de l'article 2 et attenant à une habitation ou sur des terrains non encore dépouillés de leurs fruits.

ARTICLE 27

Ceux qui auront commis conjointement les délits de chasse seront condamnés solidairement aux amendes, dommages-intérêts et frais.

ARTICLE 28

Le père, la mère, le tuteur, les maîtres et commettants, sont civilement responsables des délits de chasse commis par leurs enfants mineurs non mariés, pupilles demeurant avec eux ou proposés, sauf tout recours de droit. Cette responsabilité sera réglée conformément à l'art. 1384 du Code civil, et ne s'appliquera qu'aux dommages-intérêts et frais, sans pouvoir toutefois donner lieu à la contrainte par corps.

ARTICLE 29

Toute action relative aux délits prévus par la présente loi sera prescrite par le laps de trois mois à compter du jour du délit.

ARTICLE 30

Les dispositions de la présente loi relatives à l'exercice du droit de chasse ne sont pas applicables aux propriétés de l'État. Ceux qui commettraient des délits de chasse dans ces propriétés seront poursuivis conformément aux sections 2 et 3 de l'article 12.

ARTICLE 31

Le décret du 4 mai 1812 et la loi du 30 avril 1790 seront abrogés. Sont et demeurent également abrogés les lois, arrêtés, décrets et ordonnances, intervenus sur les matières réglées par la présente loi, en tout ce qui est contraire à ces dispositions.

FIN

TABLE

CHAPITRE I.

CHAPITRE VI

LE GIBIER A PLUME

CHAPITRE VII

DE PLUSIEURS CHASSES SPÉCIALES

CHAPITRE VIII

LA CHASSE A COURRE

CHAPITRE IX

CHAPITRE X

ANECDOTES

21424. — Tours, impr. Mame.